楞嚴禪心

釋果醒 著

〔自序〕《楞嚴經》的修行地圖

《楞嚴經》是禪宗很重要的一部經典，古德向來有「開悟楞嚴，成佛法華」之說。近代虛雲老和尚勸人要把整部經背起來，法鼓山創辦人聖嚴師父則從一九八四年起，於臺灣及美國兩地，宣講此經長達二十年。種種可見，漢傳禪佛教對《楞嚴經》的重視。

《楞嚴經》很重要，卻也不容易懂，特別是經中有些觀念與常人的生活經驗完全相反。比如，「心在身內」是多數人牢不可破的認知，可是佛告訴阿難：「如果心在身內，那不是真心，而是妄心。」佛也說，眼前的虛空山河大地，包括眾生及造業受報等，是因每個人的真心妄動而顯現，稱為「從真起妄」。也就是說，這個世界與一切眾生，都是真心產生的虛妄夢境。像這種說法，教人如何體會和領略？

三十多年前，當我初讀《楞嚴經》，不僅內容看不懂，觀念亦難接受。可是當我讀到所謂天堂、地獄皆由心生的這段話，我記住了。從此，「你講什麼，我都相信」，因為我們所見、所聞任何人所說內容，都是我心中的東西。

為了深入法義，於是涉獵各家註解，從元代惟則大師，明代蕅益、憨山及交光大師，到近代的太虛大師、虛雲老和尚與聖一法師、宣化法師、元音老人等多位善知識講記，都是我反覆熏習的教材，甚至將各版註解存於電腦，有空就看，慢慢體會。

祖師及近代善知識的闡釋，有些是純義理解說，有些以實修配合義理行解。其中，憨山德清大師及蕅益智旭大師的釋經方式，並非逐字、逐句解說，而側重於修行面的實踐，對我影響至深。如蕅益大師以天台的「一心三觀」、「藏通別圓」、「六即佛」、「四種淨土」提契修行要義。憨山大師把《楞嚴經》分作「修證門」及「迷悟差別」二科。「修證門」有體、相、用三類：「體」以天台的空、假、中三觀，而有空如來藏、不空如來藏、空不空如來藏等三稱。「相」分為理行、事行、密行三類，如二十五種圓通法門屬於理行，〈楞嚴咒〉屬於事行和密行。「用」分染用與淨用，如眾生、世界顛倒屬於染用，菩薩修行五十七位階屬於淨用。

至於聖嚴師父的解經方式，比較是站在實用層面和一般人能夠理解的角度。記得有一次，師父談到菩薩度化人間有三種方式：一種是透過意生身，如虛雲老和尚雪夜遇文殊菩薩化身的「文吉」菩薩，護他死裡逃生，事後卻怎麼也找不到這位文吉菩薩。第二種是經由投胎度化人間，此為菩薩最常見的方式。第三種是加持，比如師父有次講經，覺得更優於平時，事後就說大概是菩薩加持所致。類似這樣的開示，很容易讓人印象深刻。

研讀《楞嚴》，使我體認修行有兩個重點：一個是修行要避免誤入歧途，故於早年以「四依止」當護身符，日後轉以《楞嚴經》所具體描述的五十蘊魔，做為核對標準。另一個重點，修行要有導航指南，亦即義理與實修必須取得平衡。如果只解不行，形同把佛法當成學問，能說不能行；若是只行無解，就如開車缺乏地圖，可能上路一、二十年，仍在原地打轉，到不了目的地。

修行，即是「返妄歸真」的過程，從妄心返回真心。所謂真心，便是禪宗所說「大地落沉，虛空粉碎」，體驗到沒有時間和空間的心性，相當於《六祖壇經》所言：「本來無一物，何處惹塵埃？」

如何返妄歸真？法鼓山園區，觀音殿匾額「入流亡所」，點出最關鍵的原則，違背這個原則，凡夫就會順十二因緣操作，流浪生死；正確理解及操作，則能逆十二因緣，反向操作，超越生死。關於「入流亡所」的實修過程，師父在《觀音妙智——觀音菩薩耳根圓通法門講要》一書，有具體而微的解說，行者可據此核對身心體驗。

體證真心無一物之後，如何度化眾生？因此又有「全妄即真」的第三個層次。有相的虛妄現象是無相真心的功能，覺悟者跳入虛妄的生死界，既不被迷惑，又能自在度化眾生。

《楞嚴經》正是揭示這麼一份兼備義理及實踐的行解地圖，禪宗祖師則把實際的體證，活用於日常生活中，對弟子的點撥、禪師間的你來我往，均表現於自在的心行。讀祖師語錄時，若不懂教理，又缺乏實踐，很難一窺背後隱藏的意涵。

回首三十三歲那年，在師父座下出家，如今又過了三十三年。記得出家前，有一天晚上到農禪寺上課，師父突然問我：「你是誰？」當然報出我的姓名。師父又問：「媽媽未生你之前，你是誰？」想了一下，回答：「我是我媽媽的兒子。」師父再問：「父母未生你之前，你是誰？」我誤解了，以為師父在問我的過去世，「我又沒有修行，怎麼會知道？」至此，師父沒轍了，對話結束。

後來明白，師父是以禪宗話頭「父母未生前，什麼是你的本來面目？」逼拶我。儘管自己不解風情，話不投機，但師父好像看出我與禪宗有緣，因此在我出家後，逼著我講〈顯宗記〉及〈信心銘〉。就在安和分院及農禪寺試講的那兩年，只能就法義、內容分享，卻不易用自己的話講出來。這個過程，從看不懂到慢慢讀懂，到漸漸能懂，並且可與實踐結合，前後歷時二、三十年，才建立起禪宗體用的義理架構。

多年來，研習《楞嚴經》，並配合禪修及祖師語錄的探究，似乎有一些心得可以分享，便是本書成書的因緣。《楞嚴經》的內容非常豐富，此書先以卷一、卷二談及的「十番顯見」，也就是從「真心的十個特質」闡釋真心與妄心之別，再從禪修體驗及生活實踐，說明每個當下與這十個特質的關係。因此，本書目的，不在增進了解佛法名相，而是邀請讀者重視佛法名詞必須與生命結合，成為時時修、處處修、念念修的修行功課。

感謝法鼓文化願意出版這本小書，但願讀者都來追隨《楞嚴經》的修行地圖，回到人人本自具足的佛性、真心，進入禪佛教或禪宗的自性大海遨遊。對於本書所分享的知見與方法，懇請讀者盡可能一讀再讀，細嚼慢嚥，將佛法落實於生活，相信必有收穫。

釋果醒

目錄

〈楔子〉真心的十個特質

一切佛法，均強調行解相應，一切佛經，都是為了實踐而說的修行地圖。禪宗的行解地圖，如《金剛經》、《維摩詰經》、《楞嚴經》、《六祖壇經》等，各各順應眾生不同根器而說，目的無非是引導眾生邁向解脫自在。《楞嚴經》所示的修行地圖，涵蓋佛法整體教理和精準的修行次第，故為歷來祖師大德推崇為「開悟楞嚴，成佛法華」。

真心與妄心

《楞嚴經》共有十卷，緣起是阿難外出托缽，途中遇摩登伽女意圖以咒語損毀阿難戒體，於是佛持〈楞嚴咒〉令文殊菩薩帶回阿難及摩登伽女，由此展開佛與阿難二人的精彩對話。這是開場白。

卷一講「七處徵心」。佛問阿難：「你當年為了什麼出家？」阿難答，因見佛有三十二相好，心生歡喜，於是嚮往出家。佛再問：「你看到我的相，是用什麼看到？又用什麼生歡喜心？」倘若當時我們也在場，經佛這麼一問，怎麼回答？我們可能會說，透過眼睛，看到佛的法相莊嚴，心生歡喜。阿難即是這麼回答：「用眼睛看到，心生歡喜。」接著，佛反問阿難：「你說用眼看到，從心生歡喜，那麼，你的心在哪裡？」

阿難七次作答：「心在身內」、「心在身外」、「心潛伏根」、「明為見外，暗為見內」、「心隨和合處而有」、「心不在身內、身外，而在中間」、「一切無著」，佛逐一與阿難核對，告之通通不是。因為阿難的回答，都是有方位的心，凡是有方位的心，均是生滅心。其中最根本的錯誤，即「心在身內」。

卷二，佛開示「十番顯見」，真心的十個特質。如果認為心有具體的方位，即是妄心，不是真心。凡夫往往將真心發揮於妄心的用途，也不曉得自己妄用真心。

卷三，講真心和三科七大的關係。三科、七大，為心性產生認知功能和現象的不同分類。任何時間點，我們所接觸到的山河大地及人、事、物，全都是真心的顯現。

卷四，談到真心本來無相，眾生由悟入迷，從真心變現出虛空、宇宙、眾生、造業及受果報的現象。停止輪迴的生滅心，則有兩個原則，一是停止識心的慣性操作，二是從超能所的方式回復無能所的真心，並以破五蘊執著，做為實踐下手處，也就是破五濁的顛倒功能。

卷五，由菩薩及佛陀的大弟子們，親述個人修行證悟的二十四種入手處，即塵、根、識與七大。也就是說，身、心、環境均是修行的著力點，透過修行方法入流亡所，轉有能所的心回復到沒有能所的真心。其實每一法門都是圓通法門。

卷六，由觀世音菩薩報告第二十五種法門：耳根圓通法門，層層破五蘊的具體次第，以及破五蘊後度化眾生的妙用。再由文殊菩薩提出二十五種法門小結。

卷七，談〈楞嚴咒〉的功德、壇場布置，說明眾生世界的十二類顛倒。卷八，談菩薩轉凡成聖的五十五位階，終至成佛，並且談到眾生因情、想比例的不同而投生六道，以及欲界天果報。卷九，談色界天、無色界天的諸天果報。卷九、卷十，談破除五蘊的魔境岔路。

佛用與眾生用

整部《楞嚴經》，其實都在談心：真心與妄心。真心就是佛心，我們的心與佛心完全相同，只是操作模式不一樣，叫作顛倒。佛在《楞嚴經》藉由阿難七處徵心，開演眾生顛倒的操作模式。簡而言之，我們的心產生主客分別，即是顛倒。所謂主客，就是覺得自己的心在身體裡，而「你」是被「我」所感知的對象，有你、有我，便是能所對立。

佛問阿難：「你的心在哪裡？」阿難說：「心在身內。」佛回：「如果心在身內，就像一人居於屋內，先看到室內的『對象』，再看到外境。假若你的心在身體裡，為什麼沒先看到體內的五臟六腑，再看到外境呢？」

這是七處徵心的第一處：「心在身內。」大部分人認為，心在身裡。怎麼證明呢？比如你現在看到我，是不是透過眼睛看到我？聽到我的聲音，是不是透過耳朵聽見？基本上，一般人都是以身體為中心，透過眼、耳、鼻、舌、身與外在環境互動。聖嚴師父曾說，開悟者的身心是合一的，心不受身體的約束；而我們凡夫，心受身體約束，與環境對立。所以，當你感覺你的心在身裡，那就是還沒開悟。

真心，具有見聞覺知的功能，能看、能聽、能覺、能嗅、能嘗、能知、能動。產生現象面，即是功能的用。佛性產生無能所的動用，稱為圓滿報身；凡夫有能所的動用，稱為業報身。

眾生執著身體為我，就要取得食物、空氣、水以便活命，對外則向他人及環境中的其他眾生爭奪活命資源，接著對環境產生合意不合意的感受。此外，眾生想要保命，不被傷害，自然會特別關注動態的現象，因為眾生內心深處有個保護機制，相較於靜態景象，能夠活動、移動的生物體，更與生命的存續及安危直接相關。

《金剛經》云：「凡所有相，皆是虛妄。」身體有相，當然也是虛妄的。問題是我們如何看待身體？凡夫把身體當成我，執著它，終身淪為身體的奴隸；等於捨棄佛性，認一個無知無覺的身體為我，《楞嚴經》稱為「認物為己」。開悟者則是把身體當成度眾的工具，並且看到「全妄即真」，自主、自在運用這個幻化的身體，不執著身體為我，也不否定身體是佛性產生的功能。如洞山良介禪師觀水中倒影說：「渠今正是我，我今不是渠。」

心性，本來處於圓滿狀態，從來不會顛倒，若有顛倒，不過是錯把無價的黃金當成糞土，但黃金仍是黃金，不會失去其價值。凡夫整日哭窮，只因看不到黃金的受用，以能所產生動用，形成業力慣性，一輩子就活在妄用的「舒適圈」裡。

修行，即是轉有為法為無為法。凡是把任何現象當成我，從中取捨，不論境界有多奇特、殊勝，皆與「本來無一物」的佛性沒有關係，至多是佛性的某種功能。禪宗的修行法，則是直接從知見反轉，直指心性，不論默照的「放捨諸相」、話頭的「反聞聞自性」，或是逆十二因緣操作法，關鍵都在不取相、不轉相、不住相，直返空性真心。

眾生闖入無明煩惱的迷宮卻不自知，執迷不悔，直至生活遭遇困頓，煩惱重重，這才驚覺怎麼活成這個樣子？因此，意識到深陷煩惱迷宮，是修行必備的首要動力。其次，迷宮路徑，錯綜複雜，如何走出迷宮是一大學問，若非有正確的導航指南，不易找到出路。

尋找迷宮出路，則須認識「真心的十個特質」，且要鍥而不捨地修行，這是一門盡未來際的功課，行者必須甘願從此回頭是岸，迴光返照，並且念念都是迴光返照，直到破行蘊的大徹大悟，才能出離三界。然而大徹大悟，也不即是功課完成，仍須繼續修行，直至悲智圓滿成佛。

〈第一講〉

見性是心

爾時，阿難在大眾中即從座起，偏袒右肩右膝著地，合掌恭敬而白佛言：「我是如來最小之弟，蒙佛慈愛，雖今出家猶恃憍憐，所以多聞未得無漏，不能折伏娑毘羅咒，為彼所轉溺於婬舍，當由不知真際所指。唯願世尊大慈哀愍，開示我等奢摩他路，令諸闡提隳彌戾車。」作是語已，五體投地。及諸大眾傾渴翹佇，欽聞示誨。

爾時，世尊從其面門放種種光，其光晃耀如百千日，普佛世界六種震動，如是十方微塵國土一時開現；佛之威神令諸世界合成一界，其世界中所有一切諸大菩薩，皆住本國合掌承聽。

佛告阿難：「一切眾生從無始來種種顛倒，業種自然如惡叉聚，諸修行人不能得成無上菩提，乃至別成聲聞、緣覺，及成外道、諸天魔王及魔眷屬，皆由不知二種根本，錯亂修習，猶如煮沙欲成嘉饌，縱經塵劫終不能得。云何二種？阿難！一者無始生死根本，則汝今者與諸眾生，用攀緣心為自性者；二者無始菩提涅槃元清淨體，則汝今者識精元明，能生諸緣緣所遺者。由諸眾生遺此本明，雖終日行而不自覺，枉入諸趣。

「阿難！汝今欲知奢摩他路願出生死，今復問汝。」即時，如來舉金色臂屈五輪指，語阿難言：「汝今見不？」阿難言：「見。」佛言：「汝何所見？」阿難言：「我見如來舉臂屈指，為光明拳，曜我心目。」佛言：「汝將誰見？」阿難言：「我與大眾同將眼見。」佛告阿難：「汝今答我。如來屈指為光明拳，耀汝心目，汝目可見。以何為心，當我拳耀？」阿難言：「如來現今徵心所在，而我以心推窮尋逐，即能推者，我將為心。」佛言：「咄！阿難！此非汝心。」阿難矍然避座合掌，起立白佛：「此非我心，當名何等？」佛告阿難：「此是前塵虛妄相想惑汝真性。由汝無始至于今生認賊為子，失汝元常故受輪轉。」

阿難白佛言：「世尊！我佛寵弟，心愛佛故令我出家，我心何獨供養如來，乃至遍歷恆沙國土，承事諸佛及善知識，發大勇猛，行諸一切難行法事皆用此心；縱令謗法永退善根亦因此心。若此發明不是心者，我乃無心同諸土木，離此覺知更無所有。云何如來說此非心？我實驚怖，兼此大眾無不疑惑，唯垂大悲開示未悟！」

爾時，世尊開示阿難及諸大眾，欲令心入無生法忍，於師子座摩阿難頂而告之言：「如來常說諸法所生唯心所現，一切因果世界微塵因心成體。阿難！若諸世界一切所有，其中乃至草葉縷結，詰其根元咸有體性，縱令虛空亦有名貌，何況清淨妙淨明心性一切心而自無體？若汝執恡分別覺觀，所了知性必為心者，此心即應離諸一切色、香、味、觸，諸塵事業別有全性，如汝今者承聽我法，此則因聲而有分別，縱滅一切見聞覺知，內守幽閑猶為法塵分別影事，我非敕汝執為非心，但汝於心微細揣摩，若離前塵有分別性即真汝心；若分別性離塵無體，斯則前塵分別影事，塵非常住若變滅時，此心則同龜毛兔角，則汝法身同於斷滅，其誰修證無生法忍？」即時阿難與諸大眾默然自失。

佛告阿難：「世間一切諸修學人，現前雖成九次第定，不得漏盡成阿羅漢，皆由執此生死妄想誤為真實。是故汝今雖得多聞不成聖果。」

阿難聞已，重復悲淚五體投地，長跪合掌而白佛言：「自我從佛發心出家，恃佛威神，常自思惟無勞我修，將謂如來惠我三昧，不知身心本不相代，失我本心，雖身出家心不入道，譬如窮子捨父逃逝，今日乃知雖有多聞，若不修行與不聞等，如人說食終不能飽。世尊！我等今者二障所纏，良由不知寂常心性。唯願如來哀愍窮露發妙明心，開我道眼。」

即時如來從胸卍字涌出寶光，其光晃昱有百千色，十方微塵普佛世界一時周遍，遍灌十方所有寶剎諸如來頂，旋至阿難及諸大眾。告阿難言：「吾今為汝建大法幢，亦令十方一切眾生，獲妙微密性淨明心得清淨眼。阿難！汝先答我見光明拳，此拳光明因何所有？云何成拳汝將誰見？」阿難言：「由佛全體閻浮檀金赩如寶山，清淨所生故有光明，我實眼觀五輪指端屈握示人，故有拳相。」佛告阿難：「如來今日實言告汝，諸有智者要以譬喻而得開悟。阿難！譬如我拳，若無我手不成我拳；若無汝眼不成汝見。以汝眼根例我拳理，其義均不？」阿難言：「唯然，世尊！既無我眼不成我見，以我眼根例如來拳，事義相類。」

佛告阿難：「汝言相類，是義不然。何以故？如無手人拳畢竟滅；彼無眼者非見全無。所以者何？汝試於途詢問盲人：『汝何所見？』彼諸盲人必來答汝：『我今眼前唯見黑暗，更無他矚。』以是義觀，前塵自暗，見何虧損？」阿難言：「諸盲眼前唯覩黑暗，云何成見？」

佛告阿難：「諸盲無眼唯觀黑暗，與有眼人處於暗室，二黑有別？為無有別？」「如是，世尊！此暗中人與彼群盲，二黑校量曾無有異。」「阿難！若無眼人全見前黑，忽得眼光還於前塵，見種種色名眼見者；彼暗中人全見前黑，忽獲燈光，亦於前塵見種種色，應名燈見。若燈見者，燈能有見自不名燈，又則燈觀何關汝事？是故當知燈能顯色。如是見者是眼非燈，眼能顯色，如是見性是心非眼。」

（摘自《楞嚴經》卷一）

真心，與涅槃、佛性、覺性、空性、法身、般若、真如、如來藏、無位真人等，都是同一體性，只是名稱不同。這些不同的稱法，主要是說明個別不同的狀態、特質和功用。比如「涅槃」講述不生不滅的狀態，「覺性」、「佛性」說明見聞覺知的功能，「空性」是其空無一物的狀態，「般若」彰顯泯除能所的功能，「法身」指出遍一切處的特質，稱為「法身無邊」，或是「法身無相、無不相」。

《楞嚴經》裡，佛陀以十個特質闡述真心：見性是心、見性無動、見性不滅、見性不失、見性無還、見性無雜、見性無礙、見性不分、見性超情、見性超見。

真心的第一個特質是「見性是心」，而非眼睛。一般人總覺得能看的是眼睛，而心在身內。比如你現在看到這段文字，是不是從眼睛看到？或是聽到環境的聲音，是不是透過耳朵聽見？凡夫的經驗世界，習慣以身體做為參考點，透過眼睛向外看，認為一切現象，是在眼外、身外、心外。

從醫學角度，眼睛所見的種種形象，是光線透過視神經傳到大腦視覺中樞，形成影像。耳朵聽聞也是一樣，由聽覺神經傳至大腦聽覺中樞，形成聲相。同理，其他感官所感知到的現象，亦從神經系統傳至大腦中樞辨識系統，形成種種符號。只因五根是身體的一部分，一般人即以身體的五根，感受環境的相對方位。唯獨睡覺時，感覺不到身體的存在，才不覺得心在身內。或是禪修進入身心統一、內外合一的體驗，也不感覺心在身內，因為身體的觸感消失了。

眼、耳、鼻、舌、身這五種感官，雖在身內，只是工具。透過五種感官去看外境，則感知的心，會隨著對象的生起而生起，隨著對象的消失而消失，因此是生滅的，也是受限制的，稱為識心，也稱為妄心、攀緣心。

習於攀緣的意識心，不僅向外境取相，向內則連結記憶底庫的感受、經驗及想法，一來一往地遊蕩，白天如此，夜裡做夢也一樣，乃至往生後也是如此。因此，《楞嚴經》講到眾生無始生死，有兩個根本錯誤：一個是以攀緣心為我，一個是不知道攀緣心是來自真心的妄用。因此，由一念妄動生無明，引發十二因緣相續。

真心不只是一個名稱；它是能對應到我們現前的生命經驗的。真心就是現在你正在閱讀的這顆心！真心是能對應到我們每個當下都有的見聞覺知的功能。這個見聞覺知跑到眼睛叫作看；跑到耳朵叫作聽；跑到鼻子叫作嗅；跑到舌頭叫作嘗、講話；跑到手叫作合掌、拿筆。跑到腳叫作跑、走路；跑到意識叫作思考、記憶。

如果不懂真心，錯把識心當成真心，就如長沙景岑禪師所云：「學道之人不識真，只為從來認識神。無始劫來生死本，癡人喚作本來身。」真心，從來不生不滅，我們卻用不生不滅的真心去選擇生滅的功能，以為後念碰得到前念的顛倒見之下，不斷操作後念緣前念的模式，妄認有一個永恆不變的我在時空中穿梭，造成心境對立，我相、人相相續不斷，經典稱為「流浪生死」。

然而，即使是攀緣心也沒有離開真心，只是真心的一種妄用，真心的本質，永遠不會因此而產生能所對待。

執著

禪宗祖師經常以「無所執著」提點修行者，佛教徒也時常把「不要執著」掛在嘴邊。然而，「執著」是什麼意思？如何才能與實踐相應？

一般解讀執著，通常是指固執己見，不懂得變通。假如有人不聽勸、不服從我的看法，就說：「那個人很執著。」事實上，佛法所說的執著，根本在於執取五蘊為我，把身體當成我。

舉例而言，假設手上有百萬美金，正常情況下，當然捨不得丟掉，倘若有人持槍逼迫「要錢、要命，二選一」，多數人會選擇棄財保命，因為命比錢重要。假使身家性命保住了，安全警報解除了，可能又會想要把錢拿回來，最好人財兩不失。

一般人以活命為基礎，接著再追求舒服、貪求舒服、排斥不舒服等。比如打坐時腿痛，想要放腿，無法看到腿痛只是現象，卻認為有個實體的「我」，從呼吸跑到腿痛，又從腿痛跑到想放腿的想法，順著十二因緣的觸、受、愛、取、有，快速流轉。明明只有被感知的生滅現象，卻認為有一個「我」在時空中穿梭。

此外，禪修時，有人因心中浮現小時候被父母嚴厲管教的記憶，衍生強烈情緒，不能自已。有人則無法觀想對父母感恩禮拜，因記憶中浮現幼時被父母當眾羞辱，失去自信心的陰霾影像。如此受記憶中的影像牽絆，養成後悔、擔心、恐懼、猜疑等習性的例子極為常見，卻不知根本在於取五蘊為我，分別自他。

因此，若不明白執著的意義，即使做好事、說好話、動好念，也僅是捨惡取善的人天善法，因為仍有一個「我」，對身外、心外的外境做好事、說好話、動好念。學佛如果停留於行善的人天善法，祈求富貴平安，這也是執著。應從人間福報層次，進一步提昇至三輪體空的無漏善法，才是究竟。

佛法名相，必須與自己的生命經驗對應，才能顯現生命力。認知根本的執著，在於執取五蘊為我，才能從錯誤認知引起的種種煩惱，得到解脫。

禪的修行

禪的修行，是從五蘊現象看到空性的本質，並以佛法的正知正見為舵，透過與正知正見相應的正行，一邊度化眾生，一邊斷除煩惱。

正知，是透過知見的釐清，不斷修正顛倒認知。進而落實和正知見相應的正行，轉化錯誤的認知和人我對立的行為模式，才能與聖人同見同行。例如，要到某個目的地，首先就先要把地圖看懂了，看清楚了，有了清晰的路線藍圖後，接下來開車的時候，要跟著地圖所講的路線去執行。

正見，是透過空觀，在生生滅滅、起起落落的現象中，看到緣起無常。色、受、想、行、識組成身心五蘊，及色、聲、香、味、觸組成內外五塵環境，均是無常的生滅現象。既然有生滅，就只是被感知的現象，並非不生不滅，具有見聞覺知功能的空性。

正行，是以五戒十善為基礎，而又超越五戒十善的有漏善行，亦即無所行而行。聖嚴師父有次搬書時反問：「搬書的是誰？」剎那間身心脫落，不知不覺已搬書三小時了。心不觸外境，身體還是照樣運作。而我們一般人，則是做任何事、到任何地方，總覺得有一個「我」，從A點走到B點。無所行的正行，是清楚身體在走路，卻沒有一個「我」，由此至彼；心不停留於任何現象，即與正見相應的實踐。

初始學禪，通常是從打坐入門，若以「基本消費」為喻，不外乎腿痛、妄想及昏沉。初學者因不懂正確的禪修心態，常常會與腿痛、妄想、昏沉等現象「搏鬥」，結果愈是搏鬥，妄想愈多、腿愈痛。假如腿不痛，則「昏沉」與「妄想」兩個難兄難弟便輪流登場。

攀緣心停不下來，妄念紛飛，師父形容為觀看免費的自心電影，許久才能回過神來，回到方法。或是有些人，好不容易坐了一支好香，腿不痛，嘗了甜頭，起了貪心，希望再來一支好香，結果事與願違，昏沉、妄想和腿痛接踵而至。

凡是對境生起喜歡、期待，或是排斥、對抗心，就是有能所。禪修的基本心態是平等心，不期待腿不痛，也不排斥腿痛。若是移轉注意力來對治腿痛，可能一時半刻管用，當腿痛回撲，忍無可忍，取而代之的往往是排斥、瞋恨心，也就無法自在。

禪宗祖師有云：「功德天，黑暗女。」意指有功德就有黑暗，兩者相對。同理，若有腿痛、妄想、昏沉，就有腿不痛、不妄想、不昏沉的分別，那就不是平等心。練習不抗拒腿痛、不排斥昏沉、妄想，也不期待腿痛、妄想消失；萬一有期待心、排斥心出現，也不必懊悔，知道就好，任它來、任它去。

《六祖壇經》指出，三界火宅，都是法中王，煩惱的現象不離智慧心的功能。初始打坐，無法體會智慧心就是現前這顆不動的心，只好借助方便法，將注意力拉回身體的放鬆，減少妄想，或是拉長打坐時間，這些都是基本工夫。但若把這些基礎工夫當成最終目標，等於以方便為究竟，反而迷失禪修的方向。

活在當下

我們常說要「活在當下」，什麼叫作「當下」？例如我說：「稍後我要回禪堂。」或者「二十分鐘後我要外出。」這些念頭，都是當下心所感知的現象，但為什麼我們又會覺得它是「未來」？

一般所說的當下，是以身體做為參考點，當下五種感官所感知的對象，稱為當下。至於意根所浮現的內五塵現象，例如影像、聲音，無法透過現前的五根感知到，稱為過去、未來。也就是說，這一刻的當下，無法感知「稍後」、「二十分鐘後」的未來世界；這一刻的當下，同樣也無法感知已經消失的往日時光。

其實，心性一直都在當下，只是我們錯用了心。生活中，多數人用的是散亂心，不知道自己處於能所的平台，產生顛倒的身、口、意行為。只要心有取捨，心非平等，就在相續業力，而不是反能所、反無明、反業力的操作。就像有些禪眾，在蒲團上很用心，下坐後還是「用心」，只是選擇散亂心而不自知。

至於「當下」的用功法，並非岸上觀水，而如水中觀水，既不改變任何現象，也不做任何努力，就讓現象來、現象去，知道就好。如果心中冒出過去或是未來的念頭，也是「當下」的念頭，只是內容與過去或未來有關。若把未來的念頭當真，可能引發擔憂或期待。若把過去的念頭當真，則可能落入迷戀或悔恨。其實這些都是當下的念頭，不論內容為何，不需要轉變，就在這些當下隨流認得性。只要衍生相續的念頭，在意根的念頭堆裡打轉，就不是活在當下。

禪宗祖師言：「一舉手、一投足皆是法身顯現。」法身是心性無住的功能。平時晾衣服，都需要全身投入，用全身的感覺，一件一件將衣服掛上衣桿，身體放鬆，而又清楚每個動作，心的感知就會愈來愈綿密，更能體驗當下。

行住坐臥，是我們的心隨因緣產生的功能；言行舉止，無一不是佛性顯現的波浪。練習鏡子般無取捨的整體感知，即是活在當下。

〈第二講〉

見性無動

阿難雖復得聞是言，與諸大眾口已默然心未開悟，猶冀如來慈音宣示，合掌清心佇佛悲誨。

爾時，世尊舒兜羅綿網相光手，開五輪指，誨敕阿難及諸大眾：「我初成道於鹿園中，為阿若多五比丘等及汝四眾言：『一切眾生不成菩提及阿羅漢，皆由客塵煩惱所誤。』汝等當時因何開悟今成聖果？」

時，憍陳那起立白佛：「我今長老於大眾中獨得解名，因悟客塵二字成果。世尊！譬如行客投寄旅亭，或宿或食，食宿事畢，俶裝前途不遑安住；若實主人自無攸往。如是思惟不住名客、住名主人，以不住者名為客義。又如新霽清暘昇天光入隙中，發明空中諸有塵相，塵質搖動虛空寂然。如是思惟澄寂名空，搖動名塵，以搖動者名為塵義。」佛言：「如是。」

即時，如來於大眾中屈五輪指，屈已復開，開已又屈，謂阿難言：「汝今何見？」阿難言：「我見如來百寶輪掌眾中開合。」佛告阿難：「汝見我手眾中開合，為是我手有開有合？為復汝見有開有合？」阿難言：「世尊！寶手眾中開合，我見如來手自開合，非我見性自開自合。」佛言：「誰動誰靜？」阿難言：「佛手不住，而我見性尚無有靜，誰為無住。」佛言：「如是。」

如來於是從輪掌中飛一寶光在阿難右，即時阿難迴首右盼，又放一光在阿難左，阿難又則迴首左盼。佛告阿難：「汝頭今日何因搖動？」「阿難言：「我見如來出妙寶光來我左右，故左右觀，頭自搖動。」「阿難！汝盼佛光左右動頭，為汝頭動？為復見動？」「世尊！我頭自動，而我見性尚無有止，誰為搖動。」佛言：「如是。」

於是如來普告大眾：「若復眾生，以搖動者名之為塵，以不住者名之為客，汝觀阿難頭自動搖見無所動，又汝觀我手自開合見無舒卷，云何汝今以動為身、以動為境，從始洎終念念生滅，遺失真性顛倒行事，性心失真認物為己，輪迴是中自取流轉？」

（摘自《楞嚴經》卷一）

真心的第二個特質是「見性無動」。佛陀以四個譬喻闡述真心無動的特質：主靜，客動；光靜，塵動；手開合，性無開合；頭動，性不動。

真心，如經營旅館的老闆；無明，如同短暫投宿旅館的房客。老闆常住不動，客人則來來去去。又如陽光照射暗室形成的光束，光束靜止，光束中的塵粲，則是起起落落。客人與塵粲，都是波動的生滅現象，合稱「客塵」。

接著，佛陀以手的開合為例，開為手掌，合則握拳。手有開合的現象，能見的心並沒有開合之別。第四個譬喻，佛陀以手掌向左射出一道光，隨後向右射出一道光，阿難則隨著光源左右擺頭。從這四個譬喻，佛陀闡明：現象有生滅，能感知的心則是不動。

多數人是取相的。所謂相，涵蓋一切現象，大致可分二類。一類是建築物、桌椅、天花板等，是暫時組合的靜相；一類是移動的車子、散步的行人，或是每人內心的想法、感覺等，屬於生滅的動相。動、靜二相中，一般人往往聚焦於動相，把動態的自身相當成我，把動態的人、事、物現象，視為環境。

例如禪堂裡，有禪眾、佛像、鐘鼓、門窗、屋頂等構成整體，多數人會注意動相。但是假使現在，你的身體不能動，他人的身體也不能動，全都不能動，你會把哪個當成是你？有些人可從禪修體驗到，心不特別注意動相，也不注意靜相，此時，動相漸漸就不動了。又如小孩子喜歡玩身體轉圈的遊戲，當身體一直轉圈而突然停止，就會感覺到周遭景物如人、房子、天地等，似乎離地而起，旋轉起來。直到過了一段時間，身體的暈眩感消失，才感覺到人、房屋、天空一一歸位。

心有所動，所以才見動相。一般人就以這顆動盪的心，不斷追逐動盪的現象，有如一匹馬，不停追逐掛於鼻前的紅蘿蔔，至死仍不罷休。《阿含經》裡，被稱為殺人魔的鴦掘摩羅，因投錯師門，以為殺人滿千可升天，因此一路追趕「終極目標」——佛陀，滿心期待即將到手的升天入場卷。佛的腳步不急不徐，鴦掘摩羅則是怎麼追也追不上，他大聲呼叫：「沙門停止！停止！」佛則告訴他，我的心不動，無法停止的是你的妄心。

動盪的心，只能看到現象，看不到不動的心性，這種操作方式就是攀緣心。現在，我們要從著相返回不動的心性，要看清兩種錯誤：一，局部的相與他人的相，都是心感知的對象，都是自心的東西，不要以為是心外之相及心外有人。二，局部、他人和能夠感知的心是同一個整體。這些被感知的局部相或他人相，其實是以局部或他人為中心呈現的整體。只有心性停止往外攀緣，回到不動的心性，才能如同覺悟者，同時看到變動的現象及不動的心性。

性與相

禪宗講體用，佛性為體，功能為用。佛性產生動用的功能，通常會有相。《楞嚴經》以五蘊、六入、十二處、十八界、七大，來闡明性與相的關係。

能產生相、感知相的，稱為心、性，森羅萬象的種種現象，統稱為相。

相，可展開為色、聲、香、味、觸、法。色相是透過眼睛看到的對象，如人相、動物相、男相、女相、山河大地相等。聲相是透過耳朵聽到的對象，如風聲、雨聲、水聲、蟬鳴鳥叫聲、汽車聲之別。香相、味相、觸相、法相（法塵），是透過鼻、舌、身、意感官所接觸到的種種現象。

譬如這裡有一百個人，請問這一百人，是在心內，或在心外？多數人的經驗，會覺得這一百人在心外、身外。事實上，我們所感知的色相，是經過身體及心識的互動運作機制，形成身外、心外的一百色相，再把這一百色相解讀為一百人。當曲終人散，心中再度浮出影像，多數人還是會認為就是那一百人，而不會解讀成一百個影像。

現象如波浪，佛性像大海。波浪從海水而生，當波浪消退，海水依舊是海水，不會隨著波浪消失。真正的我如大海，被感知的現象不是我。只因我們「認物為己」太久了，把無知無覺的現象面，當成有知有覺的我。其實當下這一念，看到、聽到、聞到、嘗到、觸到，或是想到什麼，都是心的功能；既是現象又是心，無法區分哪個是現象，哪個是心。但是一般人是從當下一念去緣已經消失的前念，此時，前念變成物、所、外境；當下這一念則是我、能、內心。這就形成物我、能所、心境分別。

禪宗六祖惠能大師開悟時說道：「何期自性，本自清淨；何期自性，本不生滅；何期自性，本自具足；何期自性，本無動搖；何期自性，能生萬法。」性，具有見聞覺知的功能；相，是已經消失的性，故無覺無知。究竟而言，相即是心，開悟者看到一切都是自心的東西，這個心性或自性具足萬法，能生萬法。

五個聚落

有一天，一位居士開車載我回法鼓山途中，他一轉頭，就看到路旁的檳榔西施，他說不是故意的。我反問他：「路旁有電線杆、樹木、房子，為什麼你一眼就看到檳榔西施？」

一般人接觸外境，無論是視覺、聽覺、味覺等種種經驗，其實是五蘊團隊的巧妙運作而成，其中的運作機制，則需透過分別，逐一篩除背景，才能凸顯想看的焦點，工程相當龐大。比如說話的行為，是由「行蘊」發出指令，差遣「想蘊」的管理員從「識蘊」的記憶庫，調出相關的語言相或文字相，接著透過「受蘊」的丹田、肺部、嘴部、唇舌，組成發出聲音的「色蘊」，這才產生說話的現象。

受蘊，有多種分類：一種是六根接觸六塵，產生眼受、耳受、鼻受、舌受、身受、心受。一種是內外五塵來回互動，連結記憶的庫房，產生苦、樂、不苦不樂的三受。

當我們的心，處於散亂的狀態，很容易順著習氣模式，為所欲為，接著衍生各種對應的念頭，而把看到的妄念當成心外的事實，再以第二念追逐第一念。此時，儲存於倉庫的妄念，必須具足相應的元素，才有資格被挑選出來。就像宮廷劇上演的皇帝選妃，後宮有無量無數妃妾，等待著「身體」這個三十七兆細胞的 CEO 皇帝挑選入圍，而「楊貴妃」恰恰合乎皇帝所要的條件，脫穎而出。

五蘊的運作模式，相當於後宮佳麗的競出法則，稱為「隨重」。此外，心生法生，心滅法滅，你生什麼心，就現什麼境。如果是收心、攝心，不會引出散亂境。若是喜歡的心，不會看到不喜歡的境；即使不喜歡的境出現，也不會成為你專注的對象。

眾生喜歡玩「特寫」，縱身五欲汪洋，卻是可入不可出，流連於色、聲、香、味、觸的局部波浪，樂此不疲。《華嚴經》形容眾生就像游牧民族，終身逐五塵的水草而居。此一時，從「色」聚落移至「聲」聚落；彼一時，從「香」聚落跳入「味」聚落，再有一個「觸」聚落。因此，能於第一眼看到檳榔西施，必須裡外應和，散亂心、特寫及五蘊的習氣團隊，缺一不可。

其實，每個當下都是鍊心的機會，清楚身心的感覺，也清楚環境的現象。若有妄想，看到自己在取環境的相、取相關的記憶相，不須制止，只要清楚看到這些現象的起起滅滅就好。如果觀的力量發揮作用，散亂心連結妄想的次數就會減少，甚至五欲中，如猴子、野馬般，或者像八爪章魚似的特寫模式，也會漸漸減弱。

收心

對開悟者而言，沒有能所分別，也就是沒有東西跟你「作對」。可從止觀方法來練習，沒有特定的對象，不作對。

每個當下，只要有一個我，看到另一個對象，就是「作對」。比如打坐時腿痛，怎麼辦？是想辦法讓腿不痛，還是消除腿痛與心的界線？多數人以消除腿痛為目標，究竟來講，應以「不作對」為目標。因為即使能讓腿不痛，坐得安穩，還是停留於「作對」層次。有些人可以久坐，感覺很舒服、很寧靜，還是處於「作對」。坦白說，我在禪修前二十年，也以追求寧靜為目標，以為寧靜、舒暢是禪修必經過程。其實這只是修定的工夫，如果沒有配合慧的知見，往往會與日常生活脫節，想要遠離人群，覺得與人互動很煩。

祖師大德常說：「貴見地，不貴行履。」但也不能以為只要有觀念就好，否則就是純粹研究佛法。若真修行，每個當下的身、口、意行為，都要與佛法的知見相應。比如佛法講無我，要怎麼修？無我，是沒有自我中心、不執著，沒有一個永恆不變的我。知道這個觀念，還要落實於身、口、意行為。如果不去實踐，終日口說無我，還是眾生。

練習不作對，可從止觀著手，先收心。剛開始修行，心是飄忽、散亂的，經常在不同的對象之間游移，一會兒跑到色相，一會兒跑到聲音，一會兒跑到身體……，這都是散亂心。禪修的第一步，是把散亂心收到一個對象。如果是念佛，就收回到佛號上，也可以收回到身體的動作和感覺。比如折毛巾，就用全身放鬆的感覺折毛巾；走路，就用全身放鬆的感覺走路。全身放鬆，就是我們清楚的對象。

把心從攀緣於色、聲、香、味、觸、法等不同的對象收回來，以身體為對象，是練習止觀的第一步。具體方法是觀、照、提。把心收在方法這個對象，叫作「觀」。知道自己正在用方法，叫作「照」。發覺心跑掉了，再把心拉回到身體，叫作「提」。

止觀的方法，是清楚放鬆、全身放鬆，去做每一件事。打坐、用方法、折毛巾、站起來、走路，都要清楚放鬆、全身放鬆，就連喝水、抓癢，也要清楚放鬆、全身放鬆。

為什麼我們的心性與佛相同，所顯現的功能卻不一樣？原因是我們的知見與操作方式習於「作對」。作對與不作對，是修行的一大分野，一個是有東西做為對象，一個是沒有東西做為對象；方向不同，所努力的目標和操作方式完全不一樣。基礎還是要從收心做起。

〈第三講〉

見性不滅

爾時，阿難及諸大眾聞佛示誨身心泰然，念無始來失卻本心，妄認緣塵分別影事，今日開悟如失乳兒忽遇慈母，合掌禮佛，願聞如來顯出身心真妄虛實現前生滅與不生滅二發明性。

波斯匿王起立白佛：「我昔未承諸佛誨敕，見迦旃延毘羅胝子，咸言：『此身死後斷滅，名為涅槃。』我雖值佛今猶狐疑，云何發揮證知此心不生滅地？令此大眾諸有漏者咸皆願聞。」

佛告大王：「汝身現存，今復問汝，汝此肉身為同金剛常住不朽？為復變壞？」「世尊！我今此身終從變滅。」佛言：「大王！汝未曾滅，云何知滅？」「世尊！我此無常變壞之身雖未曾滅，我觀現前念念遷謝新新不住，如火成灰漸漸銷殞，殞亡不息，決知此身當從滅盡。」佛言：「如是，大王！汝今生齡已從衰老，顏貌何如童子之時？」「世尊！我昔孩孺膚腠潤澤，年至長成血氣充滿，而今頹齡迫於衰耄，形色枯悴精神昏昧，髮白面皺逮將不久，如何見比充盛之時。」佛言：「大王！汝之形容應不頓朽。」王言：「世尊！變化密移我誠不覺，寒暑遷流漸至於此。何以故？我年二十雖號年少，顏貌已老初十年時；三十之年又衰二十；于今六十又過于二；觀五十時宛然強壯。世尊！我見密移雖此殂落，其間流易且限十年，若復令我微細思惟，其變寧唯一紀二紀，實為年變；豈唯年變，亦兼月化；何直月化，兼又日遷；沈思諦觀剎那剎那，念念之間不得停住，故知我身終從變滅。」

佛言：「大王！汝見變化遷改不停，悟知汝滅；亦於滅時，知汝身中有不滅耶？」波斯匿王合掌白佛：「我實不知！」佛言：「我今示汝不生滅性。大王！汝年幾時見恆河水？」王言：「我生三歲，慈母攜我謁耆婆天，經過此流。爾時即知是恆河水。」佛言：「大王！如汝所說，二十之時衰於十歲，乃至六十，日月歲時念念遷變，則汝三歲見此河時，至年十三其水云何？」王言：「如三歲時，宛然無異，乃至于今年六十二，亦無有異。」佛言：「汝今自傷髮白面皺，其面必定皺於童年，則汝今時觀此恆河，與昔童時觀河之見有童耄不？」王言：「不也，世尊！」佛言：「大王！汝面雖皺，而此見精性未曾皺，皺者為變、不皺非變，變者受滅、彼不變者元無生滅，云何於中受汝生死，而猶引彼末伽梨等都言此身死後全滅？」王聞是言，信知身後捨生趣生，與諸大眾踊躍歡喜得未曾有。

（摘自《楞嚴經》卷二）

真心的第三個特質是「見性不滅」。佛陀以「明暗」、「動靜」、「離合」、「生滅」等特質，說明心不會生滅。能見的性，也不會隨著年齡增長、身體變化，或是現象生滅而生滅。

「見性無動」與「見性不滅」這兩個特質，有點類似。「無動」強調真心不動的特質，「不滅」強調身體與現象會消失，可是我們這顆心從來不會消失。

經中，佛問波斯匿王：死，只是身死，還是身心具亡？接著以「少時、老時見恆河」為喻，闡明人從出生至老死，身體一直在變化，終至消失，可是能知能見的心，恆常不變，不會消失。

六根對六塵所產生的現象，可歸納為兩大類：視覺對象有明暗，聽覺對象有動、靜，味覺、嗅覺及觸覺的對象有離合，內心的法塵現象有生滅。

明與暗：眼睛接觸光線，所顯現的現象是「明」，看到沒有光線顯現的現象是「暗」。

動與靜：耳朵聽到有聲音稱為「動」，聽到沒有聲音則是「靜」。

離與合：鼻子嗅到香臭種種氣味，舌頭嘗到酸、甜、苦、辣等滋味，身體碰觸到冷、熱、飢、寒等現象，稱為「合」；鼻子嗅不到氣味、舌頭嘗不到滋味、身體碰觸不到現象，稱為「離」。

生與滅：指內心現象的起伏，念頭生起是「生」，念頭消失是「滅」。

心透過六種感官，感知明暗、動靜、離合、生滅等種種現象，六塵現象會生滅，感知六塵的心性不會消失。如身體會衰老、敗壞，能知的心不會敗壞。一般人把身體、念頭、識心當成我，如看到某某人，習慣上認為有個能看的我和所看的對象，這就是識心，識心會隨著現象的生滅而生滅，並非不生不滅的真心。

無量劫來，多數人不懂真心不會消滅，不斷地操作能所，誤認四大為自身相，誤以六塵緣影為自心相。例如我很傷心，其實傷心是由各種想法和感受組成，是心感知的對象，會生滅，並非具有認知而不生滅的真心，但是我們會把傷心的現象當成是我。又如禪眾參話頭，常常把「好無聊」、「我參不下去了」的妄念當成我。要記住：凡是有相，都不是真心。

迷與悟

禪宗祖師講迷與悟，是從有能所來講。迷，是以五蘊為我；悟，是見到五蘊無我。

一般人以五蘊為我，聲聞證五蘊非我，證入涅槃，稱為人無我，但仍以涅槃為我。大乘則是不住涅槃，不離生死，稱為「法無我」、「無住大涅槃」，事實上就是真心。

真心，相當於海水；現象，相當於波浪。不論波浪如何變化，永遠沒有離開海水，關鍵是不把波浪當成海水，也不撥開波浪去找海水。聲聞所證的涅槃，類似撥開波浪，住於平靜無波的大海，把無風無浪的寧靜海當成是「我」。

其實，所有的身心現象，都是真心的功能。吃飯，是真心產生吃飯的現象；講話，是真心產生講話的現象；走路，是真心產生走路的功能。一切色相活動，都是真心產生的功能，這顆心即是不生不滅的涅槃心，卻不妨礙功能的顯現。

心性本身，不迷不悟，凡夫著相、取相，以相為我。所謂著相，就是從心性產生的一合相，執取局部的相，而把色相當成真實，認為色相裡有人。於是我們的心，以十二因緣的模式，順著色相產生種種感受、愛憎、取捨，又認為有個我在感受、愛憎、取捨。即使眾生執迷不悟無量劫，真心仍處於無相的覺悟狀態。

開悟者不迷不悟，見到每個人無一不在法性中，寂而常照、照而常寂，稱為覺悟。對迷惑的凡夫，需藉假名來表達迷與悟的差別。若用真心取相，把現象當成真實，稱為迷；若能同時看到變化萬千的現象與不生不滅、不動的本質，即是悟。

東湧西沒，西湧東沒

心的本質，由止觀組成。止，就是定；觀，即是慧。《六祖壇經》講定慧等持，也講自性定、自性慧，自性就是空性、佛性，永遠處於定慧等持的不動狀態，定為慧體，慧為定用。

有位禪眾，禪七期間，心很安定，工夫不錯，可是禪七結束，轉場到會議場合，馬上與人起衝突，就連他自己也很納悶，為什麼七天功力，馬上被業力所轉？

原因可能是著重修定。如果專修禪定，往往會與生活脫節。環境是變動的，修定，無法解決問題，必須配合慧的知見，觀照環境裡的色相、影像，都是心中的東西，才能解決問題。

一般人並不知道，每個當下，都有幾百或幾千個選擇。大分類是兩個選擇：一個是順十二因緣的有我，受限於拼湊的世界，以為後念碰得到前念，致使心境分家、心不平等，不知都是自導自演的自心中物，總是以把事情做好、做多、做快為第一順位。因此，面對不合意的外境，可選擇的招式有限，多半是用自以為是的說法，說服他人來適應自己，實在無法轉化外境，就選擇避開、遠離。

另一個選擇，要看到所有人，包含自己，都是自心的東西。佛法的知見是無我相、無人相，與人互動，如果認為是我與別人開會，已是能所對立。若懂得根本沒有外境，只是錯認心外有法，則每一念都可有無量無邊的選擇，經典稱為「一塵入三昧、三昧入一塵」，祖師則說「東湧西沒、西湧東沒」。

世人都希望外境如自己的意，這是享福，不會成長。碰到任何境界，不論人、事、物，都是我們的著力點，可開發我們的耐心、愛心、柔軟心、安定心、包容心、為人著想心、不住心，當然也可能增長浮躁心、不耐煩心、抗拒心……。外境，是眾生成就我們的機緣，就看自己選擇哪一種心。

觀、照、提

觀、照、提，是聖嚴師父提出的禪修原則，也是方法。我們需要釐清它與止觀的同異，否則容易與止觀的「觀」混淆。

修習止觀，一般是從打坐入門，依七支坐法，從頭到腳放鬆。接著，採用數息法或隨息法，有一個專注對象，發現妄念，不跟著跑，還是回到方法。這是從散亂心到集中心的修行過程，稱為「所緣境」。心持續安住於所緣境，不再隨妄念跑，稱為止。有了止的基礎，再觀現象的特質，發現種種現象的生滅無常性，稱為觀無常、無我，其結果就是證空慧。這是止觀的修法。

觀、照、提，適用於各種禪修方法。「觀」是正在使用方法，相當於執行者。「照」是知道正在使用方法，如同監督者。「提」是發現離開方法，隨即回到方法，相當於監督者看到執行者怠忽職守，提醒它速返崗位。

修止，是用一個所緣境，取代所有的妄念。妄念，包括呼吸、語言、畫面、聲音、感受、想法等，只要有生滅，就是妄念。安住於同一個所緣境，比如安住於呼吸、佛號。不斷用觀、照、提，把心拉回方法，直到心安定，住於所緣境，漸漸入定。

但是，日常生活，人來我往，光靠定力是不夠的，還得與三輪體空的空慧結合，以定慧等持為目標，這是另一層次的觀、照、提。首先，從觀念了解相有生滅沒有我，再看到妄念生滅沒有我。若把妄念當真，即已離開方法。同理，把眼前的色相當成是對象，以為有個人，也是離開方法。或者自我對話，心中浮出念頭，不論是色相、感受相、語言相，都是生滅相，若認為相裡有人，也是離開方法。這已經不是定的修持，而是從知見入手，轉顛倒為不顛倒。

不論悟後起修，或者未悟，都需從正知見來轉化顛倒見形成的業力。生活中不斷運用觀、照、提，練習轉顛倒見為不顛倒，與開悟者同見同行。

〈第四講〉

見性不失

阿難即從座起禮佛，合掌長跪白佛：「世尊！若此見聞必不生滅，云何世尊名我等輩遺失真性顛倒行事？願興慈悲洗我塵垢。」

即時，如來垂金色臂，輪手下指示阿難言：「汝今見我母陀羅手為正為倒？」阿難言：「世間眾生以此為倒，而我不知誰正誰倒。」佛告阿難：「若世間人以此為倒，即世間人將何為正？」阿難言：「如來豎臂，兜羅綿手上指於空，則名為正。」佛即豎臂，告阿難言：「若此顛倒首尾相換，諸世間人一倍瞻視，則知汝身與諸如來清淨法身比類發明，如來之身名正遍知，汝等之身號性顛倒，隨汝諦觀汝身佛身，稱顛倒者名字何處號為顛倒？」

于時，阿難與諸大眾瞪瞢瞻佛目精不瞬，不知身心顛倒所在。佛興慈悲哀愍阿難及諸大眾，發海潮音遍告同會：「諸善男子！我常說言：『色心諸緣及心所使諸所緣法，唯心所現。』汝身汝心皆是妙明真精妙心中所現物，云何汝等遺失本妙圓妙明心寶明妙性，認悟中迷晦昧為空，空晦暗中結暗為色，色雜妄想想相為身，聚緣內搖趣外奔逸，昏擾擾相以為心性。一迷為心，決定惑為色身之內，不知色身外洎山河虛空大地，咸是妙明真心中物。譬如澄清百千大海，棄之，唯認一浮漚體，目為全潮窮盡瀛渤。汝等即是迷中倍人，如我垂手等無差別，如來說為可憐愍者。」

（摘自《楞嚴經》卷二）

真心的第四個特質是「見性不失」。阿難問佛：「既然真心不會生滅、不會失去，為什麼您還要說我們遺失真性，顛倒行事？」佛就把手臂下垂，以手指地問阿難：「這是正、是倒？」阿難答，手指向下為「倒」，手指向上為「正」。可是，指下、指上的手，都是同一隻手，亦即「倒」與「正」都是同一個體。眾生即使迷而不覺，本性也不會有所磨損。

為什麼眾生是顛倒見？《楞嚴經》談到：「晦昧為空，空晦暗中結暗為色，色雜妄想想相為身，聚緣內搖趣外奔逸，昏擾擾相以為心性。一迷為心，決定惑為色身之內。」真心，本來無一物，稱為真空；本來具有照的功能，不需要對象，稱為真見。一旦以為要有對象的照，產生能所，叫作妄見。因能所相續互動，慢慢形成一個很堅固的對象，這個無一物的堅固對象，稱為頑空，虛空就是這樣形成的，即經文所說的「晦昧為空」。

真空與頑空，兩者都是空，真空有覺知的功能，頑空則是被感知的對象。真見與妄見，兩者都具有覺知功能的見，區別在於真見不需有對象，不會生滅。妄見即是識心，需有對象，且隨著對象的生滅而生滅。禪宗講「虛空粉碎」，指的就是頑空粉碎後的真心顯現。

虛空形成後，妄心又與無知無覺的虛空不斷互動，由四大組成的世界隨之出現。之後，再從無量無邊的四大，執取一個小四大為我。活著的時候以小四大為我，一期生命結束後，又透過有緣的父母，取父精母血組成的胚胎為我，就以這種模式不斷地捨生、受生。

外在的山河大地，及自身與他人的色相、聲相，全都是心所感知的對象。一旦以身體小四大為「我」，就有身內、身外之別。心就在內外五塵忙碌奔波，有如在夢境中自導自演，把妄心當成我，怎能不迷惑？

經云：「不知色身外洎山河虛空大地，咸是妙明真心中物。譬如澄清百千大海，棄之，唯認一浮漚體，目為全潮窮盡瀛渤。汝等即是迷中倍人，如我垂手等無差別。」除了小身體外，山河大地也都是心中的東西，可是我們會認為山河大地是心外之物。這種妄見，猶如放棄大海，執取汪洋中的一個小泡沫為我。

一般人取四大為身相，執六塵緣影為心相，雖然每個當下，都可以感知無量無邊的虛空和山河大地，可是覺得那是身外、心外之物。猶如夢中覺得有自他，直到大夢醒來，才發現一切都是唯心所現，唯識所變。

佛陀夜睹明星，悟道說法：「奇哉！奇哉！一切眾生皆具如來智慧德相，唯以妄想執著不能證得。」人人本具的真心，長期被無明覆蓋，必須透過知見的釐清和正知見相應的正行，不斷修正顛倒認知及人我對立的行為模式，層層剝落妄想執著，本具的清淨智慧才能顯現。

五種妄想

一般人的生活經驗，都是能所互動，隨境調出內心相應的感受、想法，進而選擇反應。因為不知道前念已經消失，以為它還在，也就不斷地後念追逐前念。即如《瑜伽集要施食儀軌》所云：「真源湛寂，乃罪性之本空，苦海洪深，逐妄波而不息。」

要讓心性顯見，先得釐清性與相的關係。人人都有佛性，皆能透過佛性產生五蘊的身心現象。聖凡之別，就在於如何看待五蘊，以及如何操作五蘊？

所謂五蘊，即構成身心的色、受、想、行、識，《楞嚴經》稱為五種妄想。色蘊為「堅固妄想」，受蘊為「虛明妄想」，想蘊為「融通妄想」，行蘊為「幽隱妄想」，識蘊為「顛倒妄想」；共通特質均是後念緣前念，形成不同層次的五種妄想。

生活中，無論我們想到什麼或者看到什麼，總覺得這一念裡，有人我、是非、好壞，又誤以為前一念還在，於是生起執取或排斥的第二念，禪宗稱為「賊後張弓」、「刻舟求劍」。其實，念念當生當滅，念念都是獨立而新鮮的；前念已經消失，始有下一念生起，後念根本碰不到前念。

若能覺察念念都是新念，則順著前念再生的不自主妄念，或是以為碰得到前念而衍生攜家帶眷的無盡妄念，就會被三振出局。然而，即使這一回合交手，攀緣心的行徑被識破，它照樣還是熟練地尋找下一家，繼續行騙。

正由於攀緣心頑強難伏，運作速度極其迅速，若非有止的工夫，一般人很不容易察覺，只有不斷行駛無明高速列車。於是，無中生有的色蘊形成了。這就相當於電腦螢幕顯現的文字、圖像，每秒由六千萬光點組成，其實每六千萬之一秒只有一個光點，並且從頭到尾，當下只有一個光點，只因視覺暫留，讓我們以為有個實體不動的文字或圖像。心念運作模式亦是如此，因此稱色蘊為「堅固妄想」。

接著，由堅固妄想組成的山河大地色相，從心中浮現，也是心所明的，我們卻以為是透過眼、耳、鼻、舌、身五根所感知的，因此稱受蘊為「虛明妄想」。

妄想的運作模式，錯綜複雜，有如孩童手中揮舞的仙女棒，組合變化各種造型的虛幻圖樣，畫「一」就呈現「一」的圖像，畫圈就呈現圓的圖案。然而，從頭到尾，就只有一個燃燒的光點。想蘊的特質，即是一念妄想產生後，又去連結無量無數的妄想，稱為「融通妄想」。所謂「融通」，即是取「凡走過必留下痕跡」的假象，認為消失的無量前念還在，形成身心及各式各樣的外在環境，彷彿真有那麼一回事。開悟者則以「來無所拈，去無痕跡」、「來不迷惑，去無痕跡」，破除想蘊的融通特性。

行蘊是「幽隱妄想」，即經中所稱的無量劫「捨生趣生」妄想。幽隱妄想，相當於心理學談及的深層意識，一般人則常使用表層意識，兩者都是記憶底庫的儲藏物。日常生活觸及深層意識的機會並不多，通常於特殊經歷才能顯現。比如有些人回溯瀕死經驗，即是於剎那間，浮現一生重要經歷。此為瀕臨死亡當下，身體五根不再產生作用，唯獨意根仍在活動，因此浮現深層意識。此外，禪修因禪定引發的宿命通或天眼通，亦可觸及深層意識的顯現。

佛陀時代，有一位耆婆醫者，具天眼通，只要敲敲死人的頭顱骨，便知此人轉生去處。因為一般人的心識活動是相續的，每一法，均存有盡過去、未來的捨生趣生信息。唯一例外是阿羅漢，耆婆讀不到任何消息，因阿羅漢已斷再生之因，從生死之流解脫。

識蘊是「顛倒妄想」。業識帶著過去生的記憶種子，緣父精母血的胚胎名色，相依為命。名色如舞台，支撐演員上台表演；業識如演員，反覆錄影、放影過去和當下的種種演出情景，因此稱為顛倒妄想。實際上，眾生以五種妄想拼湊的五蘊身心，每一環節，都是顛倒知見，都是顛倒夢想。

心中的媽媽不是媽媽

了解五蘊的本質是空性、覺性，就可發現身體產生的感覺及心中的想法，都是心所感知的對象，並非具有感知功能的「我」。為什麼感覺、想法不是「我」？第一，它們是被感知的對象；第二，它們生起後會消失，而能認知的「我」，並不會隨感覺、想法的消失而消失。

一般人的心，向外接觸色、聲、香、味、觸五塵環境，並且連結內心的感受、想法等心念活動，即是十二因緣的觸、受、愛、取、有，致使眾生迷失真心。一旦把動盪的心念當成自心，也就不知色身和外在的山河大地、虛空，都是真心裡的現象。

真正的「我」，具備兩個條件：一，「我」具有見聞覺知的功能，反之，不具見聞覺知功能，就不是「我」。二，「我」不是時有時無，而是恆常的有。因此，相片不是我，名字不是我，鏡中像不是我，衣服不是我，感覺、想法也不是我；假使有人喊我的名字，那個聲音指稱的內容也不是我。凡是心感知的對象，不是真正的我。

回憶及現前的種種相、想法及感覺等，都是心取相。現象，生起後消失，並非不生不滅的「我」。然而，感覺、想法的當下也是我，並沒有離開不生不滅的真心。猶如海水與波浪的關係，海水無相，而能生種種波浪。不論高波浪、矮波浪、長波浪、短波浪、白波浪、灰波浪，通通是海水，不會分別哪個好、哪個差。

一般人希望把不好的感覺轉成好的感覺，把波動的情緒轉為平靜，剛開始學佛的人，也往往以此為目標。禪，則是從現象看到無我的空性，並非改變現象，也不只是改變心態，真正要轉化的是錯誤認知。

心中浮出一念，信以為真，再衍生種種念頭，一再地錄影、放影，是一般人習慣的操作模式。同樣地，心中的媽媽不是媽媽。把媽媽的影像當成真人，或者看到心中的媽媽影像的生滅，這是兩種不同認知和操作方式。我們可以照樣隨順世間法，說：「這是我媽媽。」但要認清，講到媽媽，心中浮現的是記憶中的媽媽影像重播，並不是家裡那位能說、能聽、能動的媽媽。否則，總是把記憶中媽媽的影像當成真實的媽媽，再以這個錯誤認知去連結過去的成見，就會形成千年怨氣，或是恩愛難捨。若能清楚這個觀念，又能重建新的認知模式，則記憶的存取模式也會隨之改變。

影與響

我們每天的生活，從起床睜眼開始，就會面臨喜歡的色相和不喜歡的色相，或是喜歡的聲相、不喜歡的聲相。比如覺得某人講話的聲音很舒服、悅耳，而某人講話的聲音聒噪、刺耳，這都是「受影響」。

其實，當下的心，根本無法喜歡或排斥任何色相、聲相。當你聽到某人的聲音，心生排斥，其實聲音已經消失，想要排斥、不聽，已是第二念。不僅後念碰不到前念，兩顆心也是碰不到的，一切都是自心顯現，好比虛空，不可能有個虛空中的「我」，去討厭虛空中的「你」。

心碰不到心，相碰不到相，無論是喜歡或排斥的相，都是自心感知的對象。把心中浮出的相，當成是他或她，根本不是對方，只是法塵的影和響，一般人即使受苦，對此操作仍是樂此不疲。

就如談戀愛，尋尋覓覓，遇見意中人，總是想方設法討好對方，此為二元法的操作方式。如果是無能所，照樣可以談戀愛，前提是清楚自己是和心中的「影響」談戀愛，基本上是自導自演。

所謂「影響」，是身體感官接觸到對方的色相和聲音，色相為影，聲音為響。接著，透過識心的錄影、錄音，將外五塵的影和響，連結內在想法、感受的種種影響，拼湊存檔。內外五塵交織，影響連結影響，產生「受影響」，這就是成見、偏見的由來。

內外五塵，本來無人無我、無貪無瞋，由於心識組合的特質，把沒有關係的現象，拼湊為有人有我、有瞋有愛，不斷反覆交涉，也就演變為放不下、捨不得的舊仇新恨。認清意識心的狡猾運作，就不會患得患失，為了一句話而歡喜憂愁，因為一切都是自己，明明是你在做夢，前後念的關係而已。

因此，談戀愛也可以出離執著。當對方和你的緣盡了，也不會說：「哎呀，我怎麼辦啊？我失戀了！」心，可收、可放，這種戀愛層級相當高，否則，戀愛談得五味雜陳，不是很辛苦嗎？

同理，並沒有一個「我」失戀，沒有一個「對方」拋棄我，以及失戀這件事。一切只是心中錄影、放影的倒帶重播而已。所以要記得，所有的影和響，都是自心產生、自心選擇、自心辨識。

〈第五講〉

見性無還

阿難承佛悲救深誨，垂泣叉手而白佛言：「我雖承佛如是妙音，悟妙明心元所圓滿常住心地；而我悟佛現說法音，現以緣心允所瞻仰，徒獲此心未敢認為本元心地。願佛哀愍宣示圓音，拔我疑根歸無上道。」

佛告阿難：「汝等尚以緣心聽法，此法亦緣非得法性。如人以手指月示人，彼人因指當應看月；若復觀指以為月體，此人豈唯亡失月輪，亦亡其指。何以故？以所標指為明月故。豈唯亡指，亦復不識明之與暗。何以故？即以指體為月明性，明暗二性無所了故。汝亦如是，若以分別我說法音為汝心者，此心自應離分別音有分別性。譬如有客寄宿旅亭，暫止便去終不常住，而掌亭人都無所去名為亭主；此亦如是，若真汝心則無所去。云何離聲無分別性？斯則豈唯聲分別心，分別我容離諸色相無分別性，如是乃至分別都無非色非空。拘舍離等昧為冥諦，離諸法緣無分別性，則汝心性各有所還，云何為主？」

阿難言：「若我心性各有所還，則如來說妙明元心云何無還？惟垂哀愍為我宣說。」

佛告阿難：「且汝見我見精明元，此見雖非妙精明心，如第二月非是月影，汝應諦聽，今當示汝無所還地。阿難！此大講堂洞開東方，日輪昇天則有明耀，中夜黑月雲霧晦暝則復昏暗，戶牖之隙則復見通，牆宇之間則復觀擁，分別之處則復見緣，頑虛之中遍是空性，鬱𡋯之象則紆昏塵，澄霽斂氛又觀清淨。阿難！汝咸看此諸變化相，吾今各還本所因處。云何本因？阿難！此諸變化明還日輪。何以故？無日不明，明因屬日，是故還日；暗還黑月；通還戶牖；擁還牆宇；緣還分別；頑虛還空；鬱𡋯還塵；清明還霽。則諸世間一切所有，不出斯類。汝見八種見精明性當欲誰還？何以故？若還於明，則不明時無復見暗，雖明暗等種種差別，見無差別；諸可還者自然非汝，不汝還者非汝而誰？則知汝心本妙明淨。汝自迷悶喪本受輪，於生死中常被漂溺，是故如來名可憐愍。」

（摘自《楞嚴經》卷二）

真心的第五個特質是「見性無還」：能夠見聞覺知的真心，沒得還！佛陀以眼根為比喻，來闡釋「八還」。

佛說，你們看到我這能見的精明元體，雖然不是覺妙真心本身，卻是它真實功用的顯現。比如我們透過眼睛，在太陽升起的條件下，看到光明；中夜沒有月光，或是烏雲遮空，看到昏暗。有門窗的間隙，視線可通達戶外；牆宇之間，則見擁堵。因有取捨，看到不同的境相；空無一物，則見虛空。空中布滿塵土，則見渾濁；雨過天晴，則見清明。這是因緣組合的八種見的現象。

現在，把這八種現象，逐一歸還其現象的源頭。光明來自陽光，還給陽光；昏暗來自黑夜，還給黑夜。通達來自門窗間隙，還給門窗；擁堵來自牆宇，還給牆宇。有分別是因為境緣，還給境緣；無物是因為虛空，還給虛空。渾濁是因為霧霾，還給霧霾；清明是因為晴朗的天空，還給晴朗的天空。這些因緣組合的現象，全部都還清了，那麼能看的心，還向何處？

這當中，可以再問兩個問題：第一個問題，虛空是在心內，還是心在虛空內？如果虛空在心內，心在哪裡？妄心中有真心，把所有境緣拿掉以後，真心在哪裡？第二個問題，你心與我心，是不是分離的？你在那邊，我在這邊，假如我們都證到無相的心，是不是兩個無相的心，在兩個位置相印、互照？

經云：「不汝還者非汝而誰？則知汝心本妙明淨。汝自迷悶喪本受輪，於生死中常被漂溺，是故如來名可憐愍。」所有被認知的現象，都是由心變現。依因緣和合而現的現象還給因緣，但是心是現象的源頭，無處可還。

若再進一步歸納「八還」現象，其實只有二大類：有與無。有變化的現象，及沒有變化的虛空。只要取相，就不離這兩大類。因此，不再緣心，就要把習以為常的有對象的識心，轉化為沒有對象的知，即默照禪法的「不觸事而知」、「放捨諸相」，或用參話頭來反聞聞自性。

五蘊本如來藏

講到空，不論是五蘊皆空或是空性，一般人往往把「空」當成一個概念，無法與空性連結。我比較常用「覺性」一詞，覺性就是空性。五蘊，相當於覺性的五種功能：色、受、想、行、識，它顯現的相是暫時的，因此是虛妄的，即《金剛經》所說：「凡所有相，皆是虛妄。」然而也因虛妄，更顯現佛性千變萬化的功能。

五蘊產生的暫時現象，是因緣有、暫時有，出現後又消失，稱為「妄」。身體、色相，都只是暫時的存在，卻從來沒有離開真心。就如拿一支筆畫線，每個當下，不斷產生畫線的現象。

心性，就像一支無形無相的心筆，勾畫出這個有形有相、當生當滅的五蘊世界，心取哪個相，哪個相就出現，明「空」則空現，明「色」則色現，任何時間，不曾一刻離開真心。只因我們經常從現象面去操作，以為已經消失的前念還在，再以現前這一念去追逐前念，結果便是一次次加深習氣模式。

從《楞嚴經》看根本煩惱，原因在於能所操作，如果不明白這點，業力停不下來。禪修時，用方法收心、攝心，將散亂心收回到數息、念佛等單一專注對象，還是有能所，最後則要把這個唯一的對象放下。或是用話頭反問，讓能所的運作習性消除，如果每個當下都能夠反問，能所的模式就會被超越能所的話頭取代。

日常生活中，如何與無能所相應？以挨罵為例，當你覺得有一個「我」被罵，滋味很不好受；或是有一個「我」被罵，但我不在乎，把瞋心轉為不瞋，還是有能所。我們之所以這麼操作，主要是無法認知一切現象都是心所產生、心所感知。凡是有合意或不合意的感受，都是能所分別，把心與現象區分為二；又從現象之中，取一個小局部為我，以「我」以外的人、事、物為外境。其實，現象通通不是我，卻也全都是我；性與相，不一不二。

真正的「我」，具有見聞覺知能力，但不會生滅，永遠不動，寂而常照，照而常寂。體證到空無一物的覺性或真心時，再回頭看五蘊的種種現象，會發現沒有一個現象不是覺性、真心的功能，原來出世間法就在世間法中。

只有現象，沒有順逆

一般人的自我感是怎麼產生的？那是因為我們習慣以身體為我，想盡辦法讓這個身體保持活著的狀態，為此貪生怕死。認為身體敗壞，就是「我」消失了；身體不見，就等於「我」從世間舞台消失了。

現象有生有滅，真正的我，不會消失。如果沒有這種體驗，也不相信這是事實，就會一直以身體為我，希望身體現健康相、活力相、美貌相、年輕相，百般不捨。為了滋養身體，也就拚勁十足地取奪環境的資源；又以環境為自我展現的舞台，希望自己能被看見、聽見。

事實上，正報身的榮枯，一定與依報身有關；正報身的順逆，一定不離依報身。正依一體，也就沒有榮枯、順逆。當然，從世間法來看，每人各有因緣果報，但也不要忘記，一切因緣果報都是心中的現象，現象不是心，也沒有離開心。現象產生時，不需要改變任何現象，不轉散亂心為平靜心，也不轉不舒服相為舒服相，只是清楚種種現象隨因緣變化。有如看球賽，球員在球場上你來我往，身為觀眾的你，不是裁判，不是教練，不能跳出來指揮打球。心不取捨，念頭就會慢慢停息。

因此，身體不是問題，如果執著身心為我，終身為身心的活命與活得舒服而奔波，即是「眾生用」，虛受輪迴。心不住相，又不離開種種的世間現象，以身體為工具，透過喜怒哀樂的功能來化導眾生，又不會被喜怒哀樂迷惑，則是悲智雙運。

生活即是禪堂，不論生活有多麼不易，與人互動有多麼困難，試著不以身體做為正報身與依報身的一條分界線。順境、逆境，知道就好，練習不取捨。當你不做取捨，依報身漸漸會轉，即使轉了，依然沒有順逆。

隨緣與隨業

無我的生活實踐，是認知沒有一個「我」，在種種的身心現象中穿梭，與人互動，沒有我要怎樣、我不要怎樣。若取身體、想法、感受為我，談不上隨緣，而是隨業流轉。因惑造業、因業受苦的因果關係，即是眾生隨業流轉的模式，《楞嚴經》詳述的「三細六粗」，道出眾生迷失真心後，所建立的虛幻宇宙觀、世界觀及自我概念。

眾生的迷惑，由無明、能、所「三細」組成，因有「三細」，繼而產生虛空、世界、眾生、業果等「六粗」，而把這個世界，分為能知的我和所感知的虛空世界，這是第一種分類：虛空世界。

再把所感知的虛空世界區分人、事、物，而把自己從環境抽離，以內四大、內五蘊的身心為我，稱為正報身；把山河大地、地水火風和種種的有情眾生等外四大、外五蘊，稱為依報身，這是第二種分類：眾生與世界。其實，正、依二報，都是心中之物。

第三種分類是「業果」，造業受報。當我們把色、聲、香、味、觸、法等六塵組成的想法和感受，區分人我，便有心境對立。再把外境分為如意、不如意，而有貪瞋取捨，透過身、口、意產生善惡行為，即是造業或隨順業力，便是一般人的自我感。

業有不善業、善業、無漏業之別。一般所說的不隨順業力，傾向於不造惡業，而造善業。比如替人著想、不傷害人，或是我常說的「好的不喜歡，壞的不討厭」，雖可減少造貪瞋不善業，但仍有能所，勉強可說以依報身為著力點，做為開發無漏業的資糧。

真正的隨順因緣是不造有漏業。日常生活中，我們還是照樣說話，照樣與人互動，但不執著有個我在說話，有個對方在聽，以三輪體空做為努力的標準，才能慢慢轉隨業為隨順因緣。

真正無我的人，不會把自他分別為二，不會有貪瞋，貪瞋對他來講是工具。基本上，向著「眾生一體」、「三輪體空」的方向努力，練習不貪、不瞋的平等對待，才可說是慢慢朝向隨順因緣。

〈第六講〉
見性無雜

阿難言：「我雖識此見性無還，云何得知是我真性？」

佛告阿難：「吾今問汝，今汝未得無漏清淨，承佛神力，見於初禪得無障礙；而阿那律見閻浮提，如觀掌中菴摩羅果；諸菩薩等見百千界；十方如來窮盡微塵清淨國土無所不矚。眾生洞視不過分寸。阿難！且吾與汝觀四天王所住宮殿，中間遍覽水陸空行，雖有昏明種種形像，無非前塵分別留礙，汝應於此分別自他。今吾將汝擇於見中，誰是我體？誰為物象？阿難！極汝見源，從日月宮，是物非汝；至七金山周遍諦觀，雖種種光亦物非汝；漸漸更觀雲騰、鳥飛、風動塵起、樹木山川、草芥人畜，咸物非汝。

阿難！是諸近遠諸有物性，雖復差殊，同汝見精清淨所矚，則諸物類自有差別，見性無殊，此精妙明誠汝見性。若見是物，則汝亦可見吾之見？若同見者名為見吾；吾不見時，何不見吾不見之處？若見不見，自然非彼不見之相；若不見吾不見之地，自然非物，云何非汝？又則汝今見物之時，汝既見物物亦見汝，體性紛雜，則汝與我并諸世間不成安立。

阿難！若汝見時是汝非我，見性周遍非汝而誰？云何自疑汝之真性，性汝不真取我求實。」

（摘自《楞嚴經》卷二）

真心的第六個特質是「見性無雜」，可與真心的第八個特質「見性不分」互為參照。兩者同在說明「見性非物、非離物」，差別在於：「見性不分」強調心性沒有離開物，不要想離開物去找性；「見性無雜」則是心性非物，不要把物當成性。

例如禪堂有木魚、大磬、蒲團、佛像、禪眾、男眾、女眾，包括每個人種種的心念、感覺等，這些全部都是物。凡是色、受、想、行、識五蘊所呈現的現象，無一不是無知無覺的現象（物），而非具有認知功能的心性。心性遍一切處，現象有種種不同，能夠認知這些現象的真心，則是無相、無不相。

因為心的變現和感知，我們可以看到木魚、身體種種現象，但是，心不是現象，同時沒有離開現象，叫作「非物、非離物」。以波浪與海水為喻，海水形成波浪，卻不即是波浪；心性本身不是現象，現象卻是由心變現。現象會消失，心性不會跟著消失。

洞山良价禪師觀水中倒影說：「渠今正是我，我今不是渠。」渠，是倒影的色相；我，是空性的溪水。倒影是溪水，可是溪水不是倒影。心性具有認知功能、不會生滅，本身無相又沒離開一切相。雖然所有的相，都是從心性產生，但相會生滅，而且沒有認知功能，這就是「見性無雜」。

眾生從生至死，不斷用無相的心去執取特定現象，認物為己。執取種種語言相、身體相、感受相、想法相，更深的執取是執著身體、感受為我。這些感受相、色相、想法相，有如種種波浪，雖然都沒有離開海水，但因現象會生滅，沒有認知的功能，因此不是真正的我。這是見性無雜的重點。

前塵

一般人的生活經驗，基本上是二元對立，如人我對立、心境對立，從感知的整體範圍，選取一個特定對象，也是對立。相當於白板有一個黑點，我們只注意黑點，看不到白板。如果是聲音，就把聲音分別有聲與無聲。如此一來，我們就被現象綁住了。

出生以來，我們就用眼、耳、鼻、舌、身、意六種感官，發揮視覺、聽覺、嗅覺、味覺、觸覺、想法等功能，但我們運用這些感官是自我設限的。比如聽的時候，只專注於動態的聲音相，其實聽的範疇，聲音只是一小部分，更多則是無聲之聲。還有，當我們注意聲音時，往往會根據聲音的內容去判斷、聯想，捕風捉影。

我們的心，透過肺、喉嚨、聲帶和舌頭等團隊運作，產生語言。當我說「一」，我的心以「一」的聲相出現，講完後，「一」的聲相就消失。當我說「二」，又是新的一念。心不緣前念，根本就沒有境；心就是境，境就是心。如果後念緣前念，就會被前念、前塵所誤。「塵」指塵勞，就是已經消失的色相、聲相、念頭等，就像陽光下起起伏伏的塵埃。

聲塵出現後即消失，很容易理解。觸塵也是一樣，種種感受生起後就消失，可是我們的妄心會緣著前塵，產生十二因緣的觸、受、愛、取、有。聽到一句話，產生合意或不合意的感受，合意就喜歡，不合意就排斥，接著便去執取。觸、受、愛、取，都是前塵，而我們把這些塵的現象當成我，就是「有」。如果一直循著這種相續不斷的模式，就會被這些所感知的現象綁住。

假如心與境是一體的，心就能含攝萬象，要取哪個相、要產生哪個相，都由自己作主自在。能知的心，不生不滅，塵是心顯現的功能。就像黃金鑄成釵、釧、瓶、盤，雖有形式與功能之不同，黃金本身沒有增減。

熟處轉生，生處轉熟

常有人說：「身不由己，心不由己。」其實，心是很可靠的，心隨境轉，完全是知見和操作錯誤所致。以布偶戲做為比喻，布偶的舉手投足，活靈活現。其實看到的只是布偶的色相，看不到幕後推手。我們的身體就如布偶，幕後的主人是無位真人。「無位真人」是臨濟禪師的用詞，意指沒有形狀、不占位置，但有見聞覺知的功能的真心，又可稱為佛性、覺性、空性，能夠產生種種妙用，不在任何地方，又沒有離開任何地方。

剛接觸修行，通常是想要把波動情緒轉為平靜，禪宗基本上不轉相，而是從種種現象，看到無一不是佛性的妙用；雖有種種現象，現象之中，沒有人、我。

禪修時，用方法的心和打妄想的心是同一顆心，往往這一秒鐘用方法，下一秒鐘打妄想。安住於方法的修行力和打妄想的業力，兩者永遠是此消彼長，誰強誰勝出的法則，稱為「隨重」，這點適用於新學和老參。放逸的懈怠心，隨時都在伺機而動，業力是非常熟練、有力量的。透過修行，讓它愈來愈生疏，力量愈來愈削減，叫作「熟處轉生」。比較生疏、力量比較薄弱的修行力，則要不斷強化，轉為熟練、有力量，稱為「生處轉熟」。

禪宗祖師摩拏羅尊者傳法偈云：「心隨萬境轉，轉處實能幽，隨流認得性，無喜亦無憂。」禪修，即是念念以覺悟者的知見，取代一般人習以為常的顛倒模式。先以收心、攝心，達到安心，最後是放心。聖嚴師父教導，若遇強烈的情緒，不管它、不失望、不絕望，回到方法就好。因此，重點不在轉化情緒，而是看到情緒裡面沒有我。

以話頭壓妄想是錯誤，用呼吸取代妄想是方便，如果不懂現象有、自性空的道理，就會納悶：「為什麼我修行那麼久了，還會冒出壞念頭來？」其實，冒出佛法的好念頭也是妄念，重點是運用佛法的好念做為提醒，轉為心不取相的操作。

不轉相的基本知見

一般人面對不如意的現象，總是試圖把負面情緒轉為正面情緒。禪，則是不轉現象，直接從現象認得真心。與人交談，或是對方給我們臉色看，都是自心的東西，不需轉化現象、不必對治瞋心，而要找到那顆能感知的心。

日常生活中練習不轉相，基本要有三個知見：

（一）後念碰不到前念

每個當下，心中浮出的各種妄想，如很糟糕的念頭、各種不舒服的感受，都是當生當滅。前一念若沒有消失，現前這一念不可能生起。一般人總認為前念還在，想用現前這一念來降伏前念，充其量只是當下產生一個「降伏前念」的念頭而已，根本碰不著前念。

有些人回憶往事，或是逆境當前，會愈想愈氣，甚至一氣好幾天。這種一直用後念去緣已經消失的前念的習氣，有如高速行駛的車子，必須堅持不踩油門，最後才會慢慢停下來。面對煩惱，也要堅持「不踩油門」，可以先練習不對抗、不壓、不跟，讓相續的念頭停下來。

（二）相無我，相非我

感覺憤怒、不舒服，或是生起種種想法，一定要有心的參與或感知。生氣的心和用方法的心是同一顆心，因為「老闆」只有一個。就如兩個茶杯共用一個杯蓋，蓋了其中一個，另一個茶杯就沒有蓋子。又如用一枝筆畫這張紙，就不可能同時畫另一張紙。這不是一心不能二用的問題，而是當下做這個，就不能做那個；往左看，就看不到右方；向右看，就看不到左方。

動情緒，或是起了很糟糕的想法，請問情緒和想法裡面有沒有「我」？感受、想法等五蘊現象，生起即消失，真正的我不會消失。

（三）相是真心的妙用

每一念都是圓滿的，當下都是真心的妙用。我常聽到有人說，忙得沒有時間修行，其實念念都是修行的機會。假設一秒鐘可講四個字，一天就可以講三十萬字。每說一字，就是一次選擇的機會，一天就有三十萬次機會複習業力或是選擇修行，就由自己決定。

〈第七講〉

見性無礙

阿難白佛言：「世尊！若此見性必我非餘，我與如來觀四天王勝藏寶殿居日月宮，此見周圓遍娑婆國；退歸精舍只見伽藍，清心戶堂但瞻簷廡。世尊！此見如是，其體本來周遍一界，今在室中唯滿一室，為復此見縮大為小？為當牆宇夾令斷絕？我今不知斯義所在，願垂弘慈為我敷演。」

佛告阿難：「一切世間大小內外諸所事業各屬前塵，不應說言見有舒縮。譬如方器，中見方空，吾復問汝，此方器中所見方空，為復定方？為不定方？若定方者，別安圓器空應不圓；若不定者，在方器中應無方空。汝言不知斯義所在，義性如是云何為在。

阿難！若復欲令入無方圓，但除器方空體無方，不應說言更除虛空方相所在。若如汝問，入室之時縮見令小，仰觀日時汝豈挽見齊於日面？若築牆宇能夾見斷，穿為小竇寧無續迹？是義不然。

一切眾生從無始來迷己為物，失於本心為物所轉，故於是中觀大觀小；若能轉物則同如來，身心圓明不動道場，於一毛端遍能含受十方國土。」

（摘自《楞嚴經》卷二）

真心的第七個特質是「見性無礙」。阿難問佛：「當我們進入房間，所見的範圍縮小；走出房間，所見的空間變大。而我們能見的心，也會縮小、變大嗎？」

我們身在禪堂，看不到戶外無邊際的天空，走出禪堂，視野便不受限制。這並不是看的能力有大有小，而是被現象所迷惑，限制心的功能。現象有大有小，心性覺知的範圍沒有邊際。一般我們會覺得虛空沒有邊際，若以佛性與虛空做比喻，虛空僅是佛性中的一片雲。

所有的現象，都是心性變現出來的，心性不可能被自己創造的現象所限制。經中說：「一切眾生從無始來迷己為物，失於本心為物所轉，故於是中觀大觀小；若能轉物則同如來，身心圓明不動道場，於一毛端遍能含受十方國土。」

真心在能所的操作下，認為需要透過眼睛，才能見到戶外，因而受眼睛限制。《金剛經》談到五眼，除了凡夫的肉眼，尚有天眼、慧眼、法眼、佛眼。天眼通是禪定產生的功能，超越身體及時空限制，不是透過肉眼去看，而是直接用心眼，但還是會區分現象中有人我。

慧眼是見到不生不滅的佛性才是真正的我，會生滅的五蘊現象不是我。法眼是不執取涅槃為我，不住生滅，也不住涅槃，自己不受幻化的現象迷惑，又能喚醒迷惑的眾生出離三界。禪宗祖師大德所說的「通身是眼」，相當於法眼，心不住相，故能遍一切處，不著一切處。上述四眼的圓滿，即是佛眼。

只看現象，看不到心性無限的功能，等於自身擁有無量的財富，卻流浪街頭當街友，稱為「抱贓叫屈」、「富爸逃子」。心不迷相，則顯大用，於一毛端轉大法輪，生一切法，遍一切處。

日面佛，月面佛

有一回，馬祖道一禪師生病，弟子問候請安。禪師回：「日面佛，月面佛。」

日面和月面，代表相對的現象；「日面」表徵健康，「月面」示意生病，而不論相現健康或是生病，都是佛性的妙用。在千差萬別的現象中，開悟者能看到相同的佛性。《瑜伽焰口註集纂要儀軌》云：「塵塵剎剎盡圓融，萬別千差一貫通。」此與「日面佛，月面佛」同在描述性相不二，現象是心性的功能，心性是現象的本質。

一般人總是追求健康的身體，舒暢、無病痛的感受，而排斥病痛、不舒服的現象，試圖以醫療或其他方式去除病痛，恢復健康的狀態。殊不知有不舒服的現象，但是沒有「我」不舒服。若是事與願違，就會怨天尤人，負面情緒隨之而生。若是不治之症，則引發恐懼、貪戀、不捨等對生命強烈的執著。

禪師也會生病、病痛，也會死亡，然而他們視色身為工具，面對病痛，沒有取捨之心，不會擔憂懊惱。就如弘一大師所言，鹹有鹹的滋味，淡有淡的味道。佛性本身不會生病，禪師見種種現象都是佛性的妙用。

馬祖道一禪師所說的「日面佛、月面佛」，涵蓋世間一切窮富、美醜、貴賤、利弊、興衰等萬象。當下這一念，原是絕對待、離能所、沒有對立，只因一念妄動，產生能知與所知，不斷以後念緣前念，才現滾滾紅塵。包括人際關係所有的比較、分別，也都是拿從前的經驗、記憶來衡量現前的現象，然而過去的經驗與現前的現象絕無可能同時存在，必然屬於前後念關係。前念起時，後念未生；後念生起，前念已滅。前念、後念無法同時，根本碰不到。

當體即空，性相一體，每個當下的現象都是佛性的展現，現象與佛性同時具現，無法分誰先誰後。所有現象，相當於舞台劇演員，一人飾演不同角色。當演員穿著「健康」戲服上台，場中只有一人，如何比較？待換上「生病」戲服上台，仍是一人，當然也無從分別。

一切現象，都是自心顯現、自心之物；日面是佛、月面是佛，無一不是佛。放下取捨，得自由自在，否則，不斷執取後念緣前念的錯誤認知，只有流浪生死，沒完沒了。

逆來順受

與人互動，要做到沒有取捨，確實不易。因為每個人各有期待標準，各用心中的一把尺丈量環境。如果環境無法合乎標準，就覺得日子不好過。如果心中沒有期待，沒有取捨，那會怎麼樣呢？

沒有取捨，是任何情況下，都能生歡喜心。就像做了一場惡夢，醒來後，生歡喜心就沒事了。不要以為這是理想，根本做不到。其實很多事情之所以做不到，是因觀念不清楚，知見轉不過來，因此身不由己。比如媳婦見到婆婆，覺得很難受，那是把記憶中的「婆婆」檔案調出來，丈量現前的婆婆。或是婆婆調出記憶中的「媳婦」檔案查一查，愈看愈覺得與自己無緣。

面對一切情境，如果能夠「接受，生歡喜心」，做起來就不難。如果不從觀念改變著手，老是把自己的期待當成丈量外境的一把尺，日子當然不會好過。

另一種操作，是把自己的感覺擺一邊，調心轉境，甘願就好了。逆來順受就是甘願。一般我們聽到「逆來順受」，會覺得消極、被動，這就要看怎麼定義。

第一種是「逆來，不甘願受」，即以現前這顆心去向外境爭取。結果有可能贏，也可能輸；或是贏了這回合，壓倒對方，下回合還是得繼續爭，不見得每次都贏。

第二種是「逆來，甘願受」，也就是心態調整，轉抗拒為包容。不過，往往包容前，仍需與心中的煩惱較勁一番。如果包容心勝出，煩惱心退場，轉不甘願為甘願，則是全盤皆贏。

第三種是「沒有取捨的逆來順受」，心中無取捨，也就不覺得境有順逆。如果是這種逆來順受，我會覺得很值得，因為從相到性的轉變，需要很大的修持。老是壓抑、不甘願地受，那不是學佛的態度。佛法並沒有教人壓抑，而是調伏心中的不平；如果是完完全全心甘情願，沒有人我、沒有取捨，便是與覺悟者同見同行。

所以，遇到類似的情況，問問自己：是無奈、忍耐，還是真的甘願？如果是沒有取捨的逆來順受，那是真修行。

應時不取相

每個人都具有辨別的認知能力，知道黃是黃、黑是黑、大與小。但是禪師體驗的是沒有分別，看到什麼就是什麼，不會加入「這是我、那是他」、「這個好、那個差」等評斷，而是清清楚楚具有見聞覺知、沒有能所的那個才是我。假如全部都是我，哪裡有好壞之別？

有一次，有位居士供養聖嚴師父一袋葡萄。師父嘗了一口說：「好吃。」結果第二天，居士送來一整箱葡萄。師父問他為什麼又送葡萄？居士說：「師父昨天不是說葡萄好吃嗎？」師父回：「我說葡萄好吃，但我沒說我喜歡吃啊。」

一般人的經驗都是能所分別、取相好壞。師父與大眾互動，也會隨順世間法說葡萄好吃，這還是有辨別，但不會取相。師父說葡萄好吃，並不是基於喜好，可是一般人以為師父說葡萄好吃，便是師父喜歡吃葡萄。

任何情境中，開悟者同時見到性與相，他看到自己的心與對方的心，或是自己的心與面前一百個人的心，是共同的整體。從教理來講，開悟者的心，含攝所有現象，他所看到的，不是個別身體的色相，而是看到你心、我心是同一顆心，並且看到對方不斷產生的心念、語言、現象全都是波浪，都是自心的東西。你的色相與我的色相、你的聲音和我的聲音、你的念頭和我的念頭，全都是自心的東西。

心中沒有喜好、沒有取捨、沒有分別，看起來好像不是常人，其實沒有喜歡、討厭的這種快樂，叫作「寂滅樂」，因能所寂滅而生無盡的大用。就如師父遺言〈末後偈〉云：「無事忙中老，空裡有哭笑，本來沒有我，生死皆可拋。」生命的過程，是在無事中忙碌，在忙碌中無事；在寂滅裡哭笑，在哭笑裡寂滅。

每個當下，開悟者都能見到自己的心性不生不滅，看到他人的心性，同樣也是不生不滅；他人的心性與我的心性，不一不二。心性始終處於無相、無能所的狀態，因此禪師說，即使心迷，仍在覺悟的狀態。

從心性體驗性相不二，應時不起相、照時不觸緣，這是我們可以努力的方向。

〈第八講〉

見性不分

阿難白佛言：「世尊！若此見精必我妙性，今此妙性現在我前，見必我真，我今身心復是何物？而今身心分別有實，彼見無別分辨我身，若實我心令我今見，見性實我，而身非我，何殊如來先所難言：『物能見我？』惟垂大慈開發未悟。」

佛告阿難：「今汝所言：『見在汝前』是義非實。若實汝前，汝實見者，則此見精既有方所非無指示。且今與汝坐祇陀林，遍觀林渠及與殿堂，上至日月前對恆河，汝今於我師子座前，舉手指陳是種種相，陰者是林，明者是日，礙者是壁，通者是空，如是乃至草樹纖毫大小雖殊，但可有形無不指著。若必有見現在汝前，汝應以手確實指陳何者是見。阿難！當知若空是見，既已成見，何者是空？若物是見，既已是見，何者為物？汝可微細披剝萬象，析出精明淨妙見元，指陳示我，同彼諸物分明無惑。」

阿難言：「我今於此重閣講堂，遠洎恆河上觀日月，舉手所指縱目所觀，指皆是物無是見者。世尊！如佛所說，況我有漏初學聲聞，乃至菩薩亦不能於萬物象前剖出精見，離一切物別有自性。」佛言：「如是，如是！」

佛復告阿難：「如汝所言，無有精見，離一切物別有自性，則汝所指是物之中無是見者。今復告汝！汝與如來坐祇陀林更觀林苑，乃至日月種種象殊，必無見精受汝所指；汝又發明此諸物中何者非見？」阿難言：「我實遍見此祇陀林，不知是中何者非見？何以故？若樹非見，云何見樹？若樹即見，復云何樹？如是乃至若空非見，云何為空？若空即見，復云何空？我又思惟是萬象中，微細發明無非見者。」佛言：「如是，如是！」於是大眾非無學者，聞佛此言茫然不知是義終始，一時惶悚失其所守。如來知其魂慮變慴，心生憐愍，安慰阿難及諸大眾：「諸善男子！無上法王是真實語，如所如說不誑不妄，非末伽梨四種不死矯亂論議，汝諦思惟無忝哀慕。」

是時，文殊師利法王子愍諸四眾，在大眾中即從座起，頂禮佛足合掌恭敬而白佛言：「世尊！此諸大眾，不悟如來發明二種精見色空，是非是義。世尊！若此前緣色空等象，若是見者應有所指；若非見者應無所矚。而今不知是義所歸故有驚怖，非是疇昔善根輕尠，唯願如來大慈，發明此諸物象與此見精元是何物，於其中間無是非是。」

佛告文殊及諸大眾：「十方如來及大菩薩，於其自住三摩地中，見與見緣并所想相，如虛空花本無所有。此見及緣元是菩提妙淨明體，云何於中有是非是？文殊！吾今問汝，如汝文殊，更有文殊是文殊者？為無文殊？」

「如是，世尊！我真文殊，無是文殊。何以故？若有是者，則二文殊。然我今日非無文殊，於中實無是非二相。」

佛言：「此見妙明與諸空塵亦復如是，本是妙明無上菩提淨圓真心，妄為色空及與聞見，如第二月，誰為是月？又誰非月？文殊！但一月真，中間自無是月非月。是以汝今觀見與塵，種種發明名為妄想，不能於中出是非是，由是精真妙覺明性，故能令汝出指非指。」

（摘自《楞嚴經》卷二）

真心的第八個特質是「見性不分」。主要闡明：真心非物，卻也不能離開物去找真心；現象是暫時有，你沒辦法離開暫時的現象，去找到一顆無相的心。

比如看到茶杯、桌子、地板種種現象，這些都是無知無覺的物，並不是能知能覺的心。心可見物，物沒有見的能力。當我說：「我很傷心。」這是語言符號，凡是被認知、會生滅的現象，都不是心。

心不是物，不是現象，但是離開現象，也找不到心性。禪宗祖師有謂：「實際理地，不受一塵；萬行門中，不捨一法。」理地就是性，心性不會抓取任何一個現象，而在顯現功能時，不會捨棄任何一個現象。理地無相，事則有相。體驗時，一定要把握這個原則，不要想離開煩惱去找涅槃，不要離開事相去找空性。

曾經有位居士，受不了婆婆，想要出家。我說：「家中一個婆婆就受不了，出家有三百個『婆婆』等著妳！」所以，問題不在事相，而在觀念和心態。面對環境衝擊，多數人會想要改變環境，也有人選擇調整自己的心態。

但是，除了改變環境及調整心態，還有第三個選擇，就是調整觀念。

有位法師說：「我心中沒有討厭的人。」如果心境不對立，就不會有討厭的對象，甚至連喜歡的人也沒有。這種無能所的知見，不捨一法，不受一法，是真正的自由自在。

所謂「一法含攝一切法」，全部都是我，也全部都不是我，心性能夠產生一切相，自在運用一切相。就如我們可在一剎那，從阿修羅的瞋心轉化為菩薩的慈悲心，也可從慈悲心跳入地獄，即使跳入地獄，還是慈悲心。又如日常生活中，我們可以講話，接著去看、去聽、去想。每一念都是新的，裡面沒有我，也全部都是我。

《楞嚴經》卷六談到觀音耳根圓通法門：「一者上合十方諸佛本妙覺心，與佛如來同一慈力；二者下合十方一切六道眾生，與諸眾生同一悲仰。」上至佛心，下至眾生心，都是同樣的心，只是發揮的功能不同。眾生不斷於生滅的現象取相，所以不能自在運用所有的相。如果心不取相，還是可以反應眾生的需求，而得真自在。

觀世自在

觀世自在，是觀自在菩薩透過觀世間音聲，證得耳根圓通法門，解脫自在。自在，相當於禪宗所說的「任運」，即能所去除後，隨流認得性，心性產生種種功能，變化自在。

禪宗注重與慧相應的心自在，而不是由定產生的神通自在。禪宗臨濟祖師所說的神通，是面對六塵而不被六塵迷惑的自在。其實，我們每個人都是自在的，心的功能無量無邊，能讓我們的身體產生各種動作，要站起來就站起來，要說話就說話，這也是自在。

觀世音菩薩度化眾生，隨應眾生的根基和需求來幫助眾生，目的是要引導眾生入涅槃樂。所謂「應」，就像陽光與種子的關係。比如一朵花的種子，需要陽光，才能發芽、開花。然而陽光只是普照，並沒有因為哪顆種子沒有發芽、開花，特別去照暖它。花本身已具種子，並有陽光普照，一旦時節成熟，自然會開花。

觀世音菩薩觀眾生音聲，隨應化身，幫助需要幫助的眾生。我們要學習菩薩的精神，也要學習善巧，可依據聖嚴師父所說的「祖師三通」做為著力點。

第一個是「語言三昧」，透過語言，如關懷語、讚歎語、鼓勵語、柔軟語、真誠語等種種歡喜語，引導對方也能離苦得樂。

第二個是「他心通」，觀察對方的身體行為，呈現相應的行為。比如對方需要喝水就給他水；如果已到用餐時間，對方還沒有吃飯，關懷他去用餐。

第三個是「神變通」，在團體或公司的大原則之下，調整自己，適應對方。「調整自己，適應對方」，相當於無我的體驗，同時又與眾生結緣。倘若沒有無我的空慧，一般人很難改變自己，來配合他人。而是抗議：「為什麼是我調整？為什麼是我改變？而不是他來改變？」

祖師三通的著力點，是透過觀察對方的身、口、意行為，以滿足對方的需求，引導對方離苦得樂。就如師父常說：「我到任何地方或見任何人，我所想的是：對方需要什麼？我能給他什麼利益或希望？」若從另一角度，其實是眾生給我們機會，讓我們修正身、口、意行為。眾生心和我心是一樣的，眾生種種的身、口、意行為，就是我心中顯現的種種現象。

以佛法而言，根本智是無相的，不論你做什麼或者不做什麼，心性都是不增不減。可是幫助眾生，要透過「相」來結緣，影響眾生。以能所看待相，相是假的，性是真的，而開悟者所見的相與性是一體。因此，我們要練習從虛妄中看到真實，藉著與人互動，把「以妄為真」的習氣，轉化為「全妄即真」，這就是修根本智；與對方結緣，讓對方也開發智慧是方便智，這些都要透過與人互動來實踐。

平等心

早期的農禪寺，地方小，只有一處綜合辦公室，師父的會客室就在辦公室角落。有天上午，師父要見三位訪客，先請第一位進會客室，談完後，再請第二位進來。接著，再會見第三位。師父當然知道當天有三場會客，但是會客當下，就只有這件事，該做什麼就做什麼，不思前顧後。

假設現在，在你手上有好幾份工作要處理，怎麼辦呢？還是一件一件處理，處理時，全心投入，不牽掛過去，也不想像未來。心中有牽掛就是擔心，萬一擔心的事真的發生，也沒有關係，接受就好。要記得，修行不是為了去除擔心，而是練習沒有能所，永遠是當下、當下、當下，與當下無關之事，不管它。

不過，即使保持當下，很可能還是會有一個「我」在做事的念頭，假使還有「我在做事、我在工作」的感覺，就表示沒有全心投入。這部分，可有兩個檢查的指標。

一個是放鬆。放鬆的層次可深可淺。深度放鬆，就像一流的鋼琴師，全副身心融入於演奏當下，身與心合一，心與事合一。就像師父所形容：當你在做帳，整個環境都在做帳；當你在工作，整體環境都在工作。

另一個檢查指標是平等心。交到你手上的工作，不論喜歡也好、討厭也好，覺得值得也好、不值得也好，認為重要也好、不重要也好，練習以平等心接受。所謂平等心，就是處理一筆百萬元訂單和打一個噴嚏，都是同樣重要，都要全力以赴。如果以興趣、輕重、難易來揀擇工作，那不是平等心。尤其是特別在乎的工作，反而會患得患失，身心被勝負心與計較心掌控而不自覺，也就無暇留意身體是否放鬆。

結合平等心，才能真正地放鬆，能讓我們不至消耗太多的身心能量，而能產生最大的工作效益，心中流露喜悅。假使成果不如預期，內心仍是喜悅的，因為喜悅並非由事情成敗決定，而是平常心知見所顯現的身心狀態。事情的成就，關乎眾多因緣，並非單一因素所能掌控；全力以赴和平等心，則完全可以自主。

當然，一般人還是習慣能所操作，對外境抱持主觀的好惡分別。因此，可練習反向操作方式，主要有兩個原則：一個是愈做愈有興趣的事，練習可以隨時停下來；一個是不感興趣的工作，要設法讓它變得有趣。微軟公司（Microsoft）創辦人比爾．蓋茲（Bill Gates）就是這種操作法。他興趣廣泛，涉獵多元。作法是先確立一個知識大架構，相關的書都要讀。有興趣的書要讀，沒有興趣、難看的書更是讀，花更多時間做筆記。假使書中看法與他的認知不同，正好提供查證及研究的機會，一次次釐清觀點。

如果拉到無能所的角度來看工作，只對一件事感興趣，或是只要對一件事不感興趣，都是有能所。因為不論有沒有興趣，都是把工作當成心外之物，其實都是自己心中的東西。因此，必須不斷地練習，直到你沒有要做什麼，也沒有不要做什麼，就與平等心相應。

放鬆

放鬆有兩個層次：一個是身放鬆，一個是心安定。身放鬆，可導致心安定；心安定，身體自然放鬆。

先談放鬆身體。一般人平時很少留意身體是否放鬆，因為心思都是向外，有個專注對象，或是散漫投射。什麼時候才察覺到身體呢？比如很少上台致詞的人，突然被點名上台，或是面對重要人士，此時才會感覺身體緊張，說話結結巴巴，甚至腦中一片空白。原因是在乎自己給人的觀感，患得患失，導致身心緊繃，無法自主。

工作時，身體往往也是緊張的，主要是目標導向，極為專注而忽視身體的存在。等到工作完成，才發現身體很疲累，就是想休息也放鬆不了。

我們的身心機制，是由身、心、息組成。如果身放鬆、心安定，呼吸是深、長、細、慢、均勻。若是身體緊、心浮躁，呼吸則淺、短、粗、急、忽快忽慢。真正的放鬆，是由心安定、息平順來帶動身放鬆，下手處則從身體放鬆及呼吸著手。

身體放鬆，可從眼球、臉部肌肉、肩膀到腹部，逐步放鬆。哪裡緊繃就哪裡放鬆，如果感覺到哪個部位無法放鬆，沒有關係，可以忽略。當中很重要的指標是小腹放鬆，如果小腹放鬆，大致全身是放鬆的。

另一個檢查指標是呼吸。呼吸，屬於微細的身體，透過呼吸，更容易檢查全身是否放鬆。感覺身體緊繃，可做數次深呼吸，等於帶動全身運動，有安定身心的效果。

第二個層次是放鬆心，基本上是改變認知誤區。當我們把聲音、影像、念頭區別自他，即是認物為己的執著。身體是心的顯現，心有取捨、執著，身體是不可能放鬆的。即使能讓身體放鬆、內心平靜，若不知道轉化知見，也不容易持久。以我個人為例，有段期間，連續參話頭三個月，全副身心投入話頭。若以預算比喻，身心的全部預算都被話頭拿走，身體連一毛錢也拿不到，當時感覺不到身體的存在，但還是在走路。

因此，放鬆心，主要是放下對身心的執著，對身心種種現象不取捨、不互動，此時只有受報，不再造新業，心還是有功能。只有這樣，才是真正地放鬆。

〈第九講〉

見性超情

阿難白佛言：「世尊！誠如法王所說，覺緣遍十方界，湛然常住性非生滅，與先梵志裟毘迦羅所談冥諦，及投灰等諸外道種說有真我遍滿十方，有何差別？世尊亦曾於楞伽山，為大慧等敷演斯義，彼外道等常說自然，我說因緣非彼境界。我今觀此覺性自然非生非滅，遠離一切虛妄顛倒，似非因緣與彼自然，云何開示不入群邪，獲真實心妙覺明性？」

佛告阿難：「我今如是開示方便，真實告汝，汝猶未悟，惑為自然。阿難！若必自然，自須甄明有自然體。汝且觀此妙明見中，以何為自？此見為復以明為自？以暗為自？以空為自？以塞為自？阿難！若明為自，應不見暗；若復以空為自體者，應不見塞。如是乃至諸暗等相以為自者，則於明時見性斷滅，云何見明？」

阿難言：「必此妙見性非自然。我今發明是因緣性，心猶未明，諮詢如來是義云何合因緣性？」

佛言：「汝言因緣，吾復問汝。汝今同見，見性現前，此見為復因明有見？因暗有見？因空有見？因塞有見？阿難！若因明有，應不見暗；如因暗有，應不見明。如是乃至因空、因塞，同於明暗。復次，阿難！此見又復緣明有見？緣暗有見？緣空有見？緣塞有見？阿難！若緣空有，應不見塞；若緣塞有，應不見空。如是乃至緣明、緣暗，同於空塞。當知如是精覺妙明非因非緣，亦非自然非不自然，無非不非無是非是，離一切相即一切法。汝今云何於中措心，以諸世間戲論名相而得分別？如以手掌撮摩虛空，只益自勞！虛空云何隨汝執捉？」

（摘自《楞嚴經》卷二）

真心的第九個特質是「見性超情」。見性，是見空性、佛性、真心；超情是指真心，非因緣、非自然，主要是針對心外求法的外道而說。

外道對於現象面，有兩類主張：一類是無因無緣的自然論。以明暗現象為例，若是明，就看不到暗，如果是暗，就看不到明。另一類是認為現象中有個真我，類似一般靈魂說。因此，佛陀講因緣法來否定自然論及真我論，但是佛陀也說，見性非因緣。

見性非因緣，這與一般所說的緣起法不同。緣起法談的是現象面，比如現象因時間或空間因素而改變，真心則非因非緣的空性。如果真心隨因緣改變，真心就有生滅；如果佛性是因緣法，就會有時有，有時沒有。

從因緣法看身心世界，會把現象面切分為我和心外的東西，把身體區分為一部分是我，一部分是別人。身心現象會隨著因緣改變，真心則不會隨著因緣而生滅、消失，也就是前面已討論的「見性不滅」。佛以因緣法破外道的無因緣、自然論，接著再說明：自性不即是因緣法。因緣現象的本質是空性，卻又不離真心。等於鏡中影像，無一物能夠離開鏡子而存在，可是鏡子不會影響某個影像的消失或增加，它不生不滅、不動。

我們的真心，可以見空見塞、見明見暗，卻不是明不是暗，不是空也不是塞。真心不是現象面，也沒有離開現象面。譬如正午的太陽，光線明亮，傍晚以後，日光減弱，光線有明暗強弱不同，並不是明或暗消失了。空與塞也是一樣，例如房間裡，各種雜物把房間塞滿，好像沒有空間了，但如果用顯微鏡觀察，仍有空隙，所以，塞與空同時存在。

又比如開啟麥克風，我們能聽到聲音，關閉麥克風就聽不見，但是我們的心，不會隨著聲音的增減而改變。有聲音，我們聽到了；沒有聲音，我們還是聽到了。能見聞覺知的真心，不會因為現象的有無而生滅。

真心不是因緣法，但是，可不可能透過什麼方法，讓心性顯現出來？馬祖道一禪師終日坐禪，他的師父懷讓禪師就在邊上磨磚。馬祖禪師好奇問他：「師父磨磚做什麼？」懷讓禪師說：「我要磨磚成鏡。」馬祖禪師覺得好笑，磚頭怎麼可能磨成鏡子？懷讓禪師就說：「磨磚不能成鏡，打坐可以成佛嗎？」馬祖禪師問那怎麼辦？懷讓禪師說：「牛車不走，你是打車還是打牛？同樣地，修禪定就是心性本身嗎？」

假設很努力修行，有一天終於開悟，是不是因為修行而開悟？如果修行才開悟，那麼不修行，是否佛性又迷了？佛性不是因緣法，不是因修行而有，如果因修行才能悟見佛性，表示佛性是因緣法，有修才有，不修就沒有。事實上，不論有沒有修行，佛性從來不屬於迷悟，始終就在那裡；但若沒有修行，就不知道佛性不是修來的。

因此，修行的原則，是放下分別心，真心才會顯現。開悟的人，隨時處於內外合一的狀態，卻又不住內外合一。假設修禪定進入內外合一的狀態，還要放下內外合一，才可能開悟。關鍵是放下分別心和追求心。

不觸事而知

若要與覺悟者同見同行，從凡夫的基礎，勉強叫作「次第修」，禪宗稱為「漸修頓悟」。次第禪觀，普遍是先修禪定，然後一步一步往上爬，祖師禪則是從知見上看到操作差異，從無明斷起。斷無明的關鍵是心不住相，如默照禪法的「不觸事而知」，心不觸任何現象，卻清清楚楚地知道，達到禪宗所說的「無知而無所不知，無行而無所不行」。

禪修時，有人體驗到身體不見了，這種感覺，只是我們的心暫時中止身體的觸覺，眼睛睜開後，發現身體還是在的。這種體驗並不是很難，有了這個經驗做基礎，時時處於這種狀態，是練習不觸的基本功，此時若有聲音，只是你無所不知的部分現象。一般人則習慣以探照燈的方式，緣一個特定對象，不自覺形成能知、所知，不斷能所相續。

禪修初始，可從散亂心轉化為專注心，長期要從專注心或定心提昇為「不觸事而知」的慧觀層次。這是禪宗的核心，從有能所變成無能所，心不住相，又能產生功能。

如何找到這顆心？參話頭「什麼是無？」是在找這顆心；「念佛的是誰？」是在找這顆心。休息時，看看是什麼東西把身體帶到洗手間，參「拖著死屍是誰？」把這顆心找出來，叫作明心見性，就是開悟。

如果你說：「哇，我好累！」「累」是被你知道的對象，能夠知道累的是什麼？或者你說：「我參不下去，走不下去了。」參不下去、走不下去是現象，還是能知的心？如果覺得腿痛，能夠知道腿痛的是什麼？還有，覺得心很寧靜，「寧靜」是不是你的真心？感受到心很亂，「亂」是不是你的真心？心很亂，真心在不在？在，不需要把妄想除掉，再來找真心。這是任何時間都可以練習的。

用默照也是一樣。默照的第三個層次「觀全身」，清楚呼吸、感受、念頭等現象，但是被你知道的念頭、呼吸、感覺，不是真心，那麼真心是什麼？觀的時候，就觀這顆心有沒有執取？有沒有要停留在哪個地方？真心無相，那麼真心是什麼？

腿痛時、妄想停不下來，我們會把它當成對象。如果不把它當成對象，如何操作？既要「不捨一法」，怎麼痛都沒有關係；又要「不受一法」，不注意腿痛的現象。同理，妄想不排除、不互動、不去注意它。除了不取捨這些現象，重點是心不住於任何現象。從有對象的知——體驗呼吸，到心不停留於任何對象，不被局部占據，若心被局部拉去了，不繼續互動，知道就好，以不取不捨、不跟不壓為原則。不跟、不壓，斷貪瞋相續心；不取相、不住相，斷無明能所。

相信的世界，體驗的世界

一般人的經驗，有相信的世界和體驗的世界；其實只有體驗的世界，沒有相信的世界。

以語言文字為例，每人每天的生活，使用語言文字相當頻繁，從內心的語言文字相，到嘴巴的言說聲音相，都離不開語言文字。藉著語言連結經驗、連結對應的現象，從體用來看，不外乎穿脫不同的衣服。若對應十二因緣，則不斷在「觸」、「受」、「愛」、「取」的四款衣服換來換去。這些「無明顛倒牌」的衣服，其實是「佛性正廠」產品，但消費者不識貨，把正廠產品視為山寨、廉價品。

之所以誤判，是因任何時候，我們的身體五根，接觸到外境的色相、聲相、觸相等，立即連結意根的語言相，來判別是什麼色、什麼聲、什麼觸，安立名字；再從名字連結與我有何關係，啟動尋找藏識的記憶庫。無論是名連結相，或是相連結名，不斷分別這是我、我的，那是他、他的，其實都是自己在安立名相、分別。

比如我說：「剛才我看到一隻老鼠。」透過語言，你聽到了，但是無法體會我的經驗，就在心中浮出一隻老鼠的畫面，再根據經驗，相信我的說法屬實。倘若我說：「這隻老鼠有一百公斤重。」此時，你就不會相信，因為這種說法不合常理。

但是，如果你不相信我的說法，請問：我講話發出的聲音，是不是你當下經驗到的聲音？然而你又表現不相信的態度。而這個不相信的想法或語言，你會以為與我的經驗有關，其實全都是你體驗的世界。

你聽到的每一句話，都是你經驗的世界，也是我經驗的世界。講話時，我體驗到舌頭在動及講話的聲音，你經驗到我的聲音，也看到我的嘴巴張合。唯一不同的是，我看到老鼠的經驗，是我的六根體驗到的經驗，而你聽到後，心中浮出一隻老鼠的畫面，不論是大老鼠、小老鼠、黑老鼠、白老鼠，都是你經驗到的世界。既然是你經驗的世界，不可能是我六根所體驗的世界。

這個過程，其實是你聽到語言後，連接過去經驗相應的畫面及想法，再產生相信的態度，都是你當下體驗到的。所以，沒有相信的世界，只有體驗的世界。

你相信的，是自己的經驗世界；選擇相信，也是你經驗到的。倘若我們的體驗完全一樣，便是「同床同夢」。然而多數人是「同床異夢」，也不知道自己與別人是「同床異夢」。除非我們練習心無所住，處於無所照而無所不照的普照狀態，彼此所見，才能完全相同，即禪宗所說「與諸佛同一鼻孔出氣」，否則永遠是「同床異夢」，還以為自己所理解的，等同於他人的經驗。

停止無明高速列車

《楞嚴經》指出，眾生之所以不斷地造業受報，是因一念妄動，以無明能所，高速畫出虛空、世界、眾生、業果等種種現象，再透過識心的錄影、放影功能，執著現象中有個「我」在看、在聽、在想、在學習、選擇要或者不要。如此能所運作，使得這列無明列車，持續保持於高速的奔馳狀態。

眾生的心緣相，是千萬年來修成的工夫，現在知道了，不必著急。就如時速一百公里的車子，如果不再加油、不踩油門，車子自然會停下來。所謂「加油」、「踩油門」，就是助長業力相續的燃料。基本上，業力的根本是執五蘊為我，認為有個主體在時空中穿梭。要終止這部高速列車，必須認知停止這部列車是此生最重要的事。其次，才能談到用什麼方法停止列車。

然而弔詭的是，想讓動盪的心停下來的取捨心，本身就具有動盪的特質，一個是取相，一個是攀緣。因此，以取捨心來對治攀緣心，只有更加添亂而已，如〈信心銘〉所說：「止動歸止，止更彌動。」相當於ABS電腦自動煞車系統問世之前，遇突發狀況，急於踩煞車器，車子卻停不下來。開車行家遇到緊急狀況，踩了煞車器，得馬上放掉，讓車子往前衝的慣性轉為車輪轉動，然後再踩、再放，直到車輛完全停止。

停止無明列車也是相同道理。禪修或日常生活中，一旦覺察妄念生起，採取硬碰硬對決的方法，或以話頭打壓妄想，均不是究竟法。正確的降速方法，是把無明列車的能所慣性，轉化為反聞聞自性的超能所。話頭的「反參」和默照的「放捨諸相」，都是反聞聞自性。先停止身體的掃描，再停止山河大地的掃描，最後停止虛空的掃描，稱為「打破虛空」或「虛空粉碎」，直至生滅滅已，寂滅現前。此時，不生不滅、不動的佛性就顯現了。

無明的習氣列車，創造出夢境、幻境，又在自己創造的夢境、幻境中高速奔馳。現在懂了這個道理，倘若沒有實證，很難確信它是夢境、是已消失的前念、是自心的東西。畢竟凡夫沒有能力見到旋火輪的圓圈是虛幻的，必須透過修習止觀，念念不踩油門，並且保證不踩油門，則高速的無明列車終究會停下來，那時才知道駕駛即是佛性，無明列車是自己的佛性變現的。

不踩油門，還得清楚哪些動作是在踩油門。有取捨是在踩油門，期待成佛或是想成佛，也是在踩油門。任何的期待心都是在踩油門，任何的排斥心也都是在踩油門。貪愛任何境界是在踩油門，有被認知的境界是在踩油門。只要有能所，都是在踩油門。

念念清楚不踩油門，直到萬里無雲，才真正知道什麼是踩油門，什麼是不踩油門。這是一條漫漫長路，但願一切眾生，生生世世都朝這條道路邁進。

〈第十講〉

見性超見

阿難白佛言：「世尊！必妙覺性非因非緣。世尊云何常與比丘，宣說見性具四種緣，所謂因空、因明、因心、因眼。是義云何？」佛言：「阿難！我說世間諸因緣相，非第一義。阿難！吾復問汝。諸世間人說我能見，云何名見？云何不見？」

阿難言：「世人因於日、月、燈光見種種相，名之為見；若復無此三種光明，則不能見。」

「阿難！若無明時名不見者，應不見暗；若必見暗，此但無明云何無見？阿難！若在暗時，不見明故名為不見；今在明時不見暗相，還名不見。如是二相俱名不見。若復二相自相陵奪，非汝見性於中暫無，如是則知二俱名見，云何不見？

是故阿難！汝今當知，見明之時，見非是明；見暗之時，見非是暗；見空之時，見非是空；見塞之時，見非是塞，四義成就。汝復應知，見見之時，見非是見；見猶離見，見不能及。云何復說因緣、自然及和合相？汝等聲聞狹劣無識，不能通達清淨實相，吾今誨汝，當善思惟，無得疲怠妙菩提路。」

（摘自《楞嚴經》卷二）

真心的第十個特質是「見性超見」。佛陀指出，看見，必須具足四種條件：「空、明、心、眼。」我們的心見到光明，但是能見的心不是明。我們的心見到黑暗，但是能見的心不是暗。我們的心見到空曠，但是能見的心不是空。我們的心見到牆宇阻礙，但是能見的心不是塞。因為能見的心，非因非緣，不是明、不是暗、不是空、不是塞。

接著，世尊說道：「見見之時，見非是見；見猶離見，見不能及。」注意：這四句話是沒有能所的關鍵。但是，是什麼意思呢？

「見見之時，見非是見」，這是講能見的心和所見的對象，此時能見的心仍有能所的識心。亦即，當下的這一念，既是相，也是心，等到第一念消失，用第二念看已消失的前一念，第二念變成能見的心，第一念變成所見的相；再用第三念去看第二念，第二念本來是能見的心，變成所見的相。念念相續的這種模式，是有能所對待的見。

「見猶離見，見不能及」，此處的見，是超越能見與所見的見性，就是第一義諦的見，即真心本身，不是有能所的見能夠體證到的。

一般人習慣以能所模式操作，不斷用現前的一念去緣已消失的前念。前念、後念，本來是不動的真心。就如我說「我很棒，你很差」時，每個字都是當下真心的顯現，但我們會覺得那是一句話，因為心識具有錄影及執取的功能。而我們又把「我」、「你」的字眼，當成是有個主體的我和你，所以不斷產生前後念相續，不斷認物為己，把生滅心當成我，而看不到無能所、不動的真心，才是真正的我。

只有緣前念的心停下來，不動的真心才能顯現。神會禪師悟後寫道：「般若無知，無所不知。」如果有所知，這個知是被限制的，範圍縮小了。只有沒有對象的知，才是無所不知。

禪修時，體驗到什麼都沒有了，只要有能所對待，就不是真心。比如色、身、香、味、觸、法這些現象都沒有了，尚有微細的色、身、香、味、觸、法；只是粗的能所不見了，微細的能所還存在。而感知「什麼都沒有了」，這個「什麼都沒有了」，或是沒有聲音的寂靜，還是有能所。

要超越能所，確實不易。所謂「冷水泡石頭」，並非沒有能所，只是心停留在一個很安靜的狀態，基本上，還是有能知的心和一個非常寧靜、舒暢的對象。即使進入統一境，體驗到至大無外、至小無內，往外是無限的寬廣，往內是無限的伸延，這還是有能知的心，所感知的就是無外、無內的對象。必須到虛空粉碎，沒有對象的照，而又無所不照，此時，所有的現象都是心性，才是超越能所的真心。

不對緣而照

我們的心，習於攀緣，在不同的物件跑來跑去。看到一個對象，即捨整體而取局部，感覺和想法隨之而起，更深化專注的焦點。比如聚焦一朵花、一棵樹，當你聚焦花或樹，很可能見樹不見林，除了花與樹，其餘都看不清了。

這種聚焦式攀緣，限縮了心的功能。《楞嚴經》說道，假使六根還不能互用，還是有能所。任何時間，心可以「明」聲音，也可以「明」沒有聲音的聲音；可以「明」電腦，也可以「明」電腦以外的背景；可以「明」身體，也可以「明」沒有身體的虛空。一旦選擇「明」某個物件，就把整體的現象區分為二，分成聚焦的「A」和背景的「非A」。凡是有聚焦對象，就有前後念；只要有前後念，便產生能知與所知。若要超越能所，必須懂得操作沒有對象的整體覺知。

比如聽到聲音，練習聽到聲音就是整體的宇宙、聲音就是心。所謂整體的宇宙，就是A與非A，以及感知整體的心。假設心從整體取局部的相，從A跑到B，會感覺到動；如果心是整體的照，沒有取相，就會發覺能知的心與所知的相是同一個東西。

因此，要回到那顆取相的心的源頭，每個當下，都回到攀緣心最源頭的地方。心如果攀緣，馬上就能察覺。例如腿痛，是把腿痛變成不痛呢？還是看到那是腿痛，不是我？如果是我的腿在痛，即以身體為我。而身體是心所感知的對象，並沒有照的功能，也沒有見聞覺知的功能。現象會生滅，沒有感知能力，而我們把心所感知的想法和身體當成是我，忘了具有見聞覺知、不生不滅的真心，才是真正的「幕後老闆」。

任何時候，心浮出念頭，知道這是整體的一部分，不特別注意想法或感覺的內容；即使起了感受、想法，知道這是心感知的一部分，不要變成感知的焦點。平常生活也是一樣，清楚知道心是整體的，如果心又跑到局部，不要以為其中有我、有他、有感覺、有想法。而要反問：「想法是我嗎？」每個當下都這麼問，操作模式就會慢慢改變。

不取局部，整體就會出現，就是默照的「不對緣而照」。不對緣而照，漸漸能整體地照，從觀全身到觀環境，最後空觀成就。

無能所的生活體驗

一般人都是有能所，互動時有人、有我。禪宗修行重點是真空妙有，從有能所到沒有能所，即如祖師大德所言：「終日吃飯不曾咬著一粒米，終日著衣不曾掛著一縷絲。」

每個當下，都能練習無能所的操作。《楞嚴經》所說七處徵心及十番顯見，都在釐清心的特質；五蘊、七大、十二處和十八界，都是如來藏的妙真如性。我們可從經典知見，對應到現前的生活經驗，有幾個重點：

1. 心外無法，全部都是心內的東西。

2. 念念不相到。用現前這一念去緣前念，或與已經消失的前一念互動，這是眾生心念運作的慣性。實際上，現前這一念碰不到前念，就是所謂的「念念不相到」、「法法不相知」。

3. 沒有一個主體在時空穿梭。以霓虹鐘、旋火輪比喻，有相續現象，卻沒有一個主體在相續現象中穿梭，這就是無我，也是聖嚴師父常講的自我消融。

4.念頭當生當滅。

倘若這些懂了，平常生活中就會發現很多錯誤操作，唯有發現這些錯誤，我們才有機會修正。主要有三種錯誤：

1.心境分家

比如看到一個人，認為是心外的對象，便是心境分家的能所分別。實際上，眼前這個人是心中產生的影像，不在眼外、心外。

覺知心在身內，就要努力修正，透過禪修，消除心境的界線。若能體驗到身心合一、內外合一，雖然還不是開悟，此時身心世界，已與以身體為我的經驗不同。

2.念念相續

看到一個對象，立即連結過去的記憶，但是記憶與眼前的對象沒關係，因為法法不相知、念念不相到。每個當下都是新的。這一念是新的，下一念也是新的，但我們認為念念相知、相關，就用後念來討厭或喜歡前念。因此，見到某人起貪瞋、認同或不認同，學佛後則練習包容。其實，根本不必轉討厭為包容，因為現前這一念碰不到前一念，念念獨立，無從比較，不去壓抑、不去轉化，就是清清楚楚知道，比較心、排斥心和追求心自然停下來。

一般人的慣性模式，常以當下這一念連結記憶中的影像，以為「心中的媽媽」是媽媽，衍生各種感覺，貪瞋、取捨。事實上，這不過是一群念頭組成的夢境，只要認為念頭裡有人、有我，念念相續，則永遠無法從夢中醒來，無法認清「心中的媽媽不是媽媽」。其實，「心中的媽媽」僅是無知無覺的法塵，當生當滅的影像。

當知見愈來愈清楚，你要做的，就只是發現，妄念自然會停下來。妄念浮現，沒有關係，因為念頭當生當滅，不要以為它還在，不要以為它與前一念有關，不需要排斥。這在打坐時也很有用，發現妄念出現，知道就好，繼續用方法。有些人不懂這個道理，發現妄念，企圖用「我不要有妄念」來對抗妄念，其實，「我不要有妄念」是新妄念，根本碰不到前念。

3.虛妄主體

只要有心境對立，就會有合意與不合意的感受。南傳論典把十二因緣的觸，分為「撞擊觸」、「名相觸」二類，五根接觸到五塵，稱為「撞擊觸（patighasamphassa）」；接著連結意根的內五塵，做種種判斷，稱為「名相觸（adhivacanasamphassa）」。撞擊觸與名相觸，一來一往，以極快的速度建立念念相續的模式。

禪宗所說「隨流認得性」，則是每個當下，看到五蘊身心現象為心性產生的功能，沒有一個我在時空中穿梭。

萬事如意

每個人的心都是圓滿具足，沒有一事不如意。只是一般人以五蘊是我，認為有人、有我是天經地義的事。若外境不如己意，就怪罪他人、抱怨環境，很少反思，更看不到外境只是前念的殘影。要達到萬事如意，有三種操作方式：

（一）改變現象

多數人都希望改變現象來順自己的意，不僅選擇順合己意的外境，並透過種種努力，讓合意的現象出現。

有些夫妻吵吵鬧鬧二、三十年，諸如口水戰、冷戰、肢體戰，甚至認為對方不愛我了，鬧得不歡而散，都在現象裡面下工夫，希望對方改變來配合自己。實在改變不了現象，只好改變自己。

（二）改變心態

改變外境，無法改變心境；快樂的關鍵，來自於知見和內心的取捨。因此，第二個層次是改變心態，不計誰是誰非、誰對誰錯，而以彼此的和諧、快樂做為努力方向。如以包容代替指責，則雙方互動模式就會轉變，但一開始是小轉變。比如夫妻吵架，若有一方把身體放鬆，吵架的力道就會馬上減弱。這種漸進式的小改變，初期可能作用不是很明顯，只要持續努力，必能轉化夫婦關係。就像高速列車進站，也要慢慢降速，才完全停止。

（三）改變知見

改變知見，不容易懂，也不容易做到。一般人習慣以顛倒見及取捨心，經營身、口、意平台。佛法所說「生處轉熟，熟處轉生」，基本上是從知見下手，亦即清楚知道妄念之中無自他，現象裡面無人我，相與相沒有關係。

即使見到仇人或怨親債主，也可以微笑回應。笑得出來，就表示心不受記憶制約，笑不出來，則是把記憶中的影像當真。其實這也是「如意」，生什麼心，現什麼相。

《楞嚴經》云：「千年暗室，一燈能破。」心，本來自由自在，具有無窮妙用，想取什麼相，現什麼相。心無所住，而能隨緣互動，便能見到世出世間，無有一法，不是萬事如意。

智慧人35

楞嚴禪心

The Mind of Chan as Illustrated in the Śūraṅgama Sūtra

著者	釋果醒
出版	法鼓文化
總監	釋果賢
總編輯	陳重光
編輯	胡麗桂、林蒨蓉
封面設計	江孟達
內頁美編	小工
地址	臺北市北投區公館路186號5樓
電話	(02)2893-4646
傳真	(02)2896-0731
網址	http://www.ddc.com.tw
E-mail	market@ddc.com.tw
讀者服務專線	(02)2896-1600
初版一刷	2020年3月
初版八刷	2024年4月
建議售價	新臺幣180元
郵撥帳號	50013371
戶名	財團法人法鼓山文教基金會—法鼓文化
北美經銷處	紐約東初禪寺 Chan Meditation Center (New York, USA) Tel: (718)592-6593 E-mail: chancenter@gmail.com

法鼓文化

國家圖書館出版品預行編目資料

楞嚴禪心 / 釋果醒著. -- 初版. -- 臺北市：法鼓文化, 2020.03
面； 公分
ISBN 978-957-598-840-1（平裝）

1.禪宗 2.楞嚴經 3.佛教修持

226.65 109000011